I realize Active Learning!

『学び合い』道徳授業プラン

アクティブ・ラーニングを実現する！

西川 純・松下 行則 編著

明治図書

● ● ● まえがき ● ● ●

　みなさんは日本中の学校で毎日，毎日，奇跡的なことが起こっているのを知っていますか？　冷静に考えれば信じられないことです。それは理科の時間に起こります。どんなクラスにおいても１校時で科学的な発見が起こるのです。不思議ではないですか？

　例えば，授業の最初に教師が広口瓶の中に火のついたロウソクを入れます。そしてガラス板でフタをします。やがてロウソクの火は消えます。教師は意味ありげに子どもたちの顔を見回し，そして黒板に「なぜ，フタをするとロウソクの火は消えるのか？」と板書します。子どもたちを指名して答えさせると「空気がなくなった」と答える子がいます。その子は前の授業の学習で燃えるには空気が必要だということを学んだことを思い出し，消えたのだから空気がなくなったと「論理的」に導いたのです。しかし，ガラス板でフタをした状態で，空気がなくなる，つまり真空になるわけがありません。紆余曲折がありますが，45分の中で「燃やす空気がなくなった」「燃やす空気が別な空気になった」という結論に至るのです。

　人類が数百年，数千年の時間をかけて発見したことを，ごく普通の小学校の子どもが発見するのです。それも，どんな教室でも。

　理由は答えを知っている子がいるからです。日本の子どもの３割程度は塾・予備校・通信教材・家庭教師で勉強しています。だから答えを知っているのです。その子たちは場の空気を読めるので，「なぜ，フタをするとロウソクの火は消えるのか？」と教師が言った直後には正解を答えません。なぜなら，そうすれば教師が困ることを知っているのです。そして，もうそろそろ時間だなと思うときに，正解を答えます。それも，酸素という言葉を知っていても，授業で学んでいない場合はその言葉を使わず，「燃やす空気がなくなった」「燃やす空気が別な空気になった」と答えるのです。彼らは「助

燃性」のことを知っているので「燃える空気」とは言いません。
　さて，これは道徳の授業でも同じではないでしょうか？
　クラスの中の２割は大人の腹を読むのに長けています。副読本を読めば，教師が授業の最後に何を言ってほしいのかを察します。また，モラルジレンマ，役割演技においても，どのような立場を想定しており，どのように整理することを望んでいるかを察します。そのような子どもたちにとっては，道徳の授業は能の舞のような「型」を演じているようなものです。では，その２割以外の子どもたちはどうなのでしょうか？　その子たちは教師の欲している答えが何かはわかりません。しかし，それを答えられる２割の子は誰かを知っています。その子たちは，「早く言えよ」と思っているのです。このような仕組みを理解しない人の場合，授業最後に数人の子どもが教師の欲しているすごい回答をすると，「素晴らしい授業」だと判断します。
　しかし，本書を手にとっている方は違いますよね？
　整然と自分の予想通りに授業は進むが，子どもたちが生き生きしていないことを感じているのではないでしょうか？　また，活躍する子はいるけど，１年間，道徳の授業で全く発言しない子（指名しても無言）がいることにも気づいていますよね？　それにモヤモヤしているのではないでしょうか？
　正解です！　本書はそのような方に手にとっていただきたい本です。
　結論から言います。一人の教師が数十人の子どもを導く授業の場合，以上のようなことはどうしようもありません。神のごとき教師でも無理です。なぜでしょう？　それは，一人一人の発想は違い，結論に至る過程は千差万別だからです。一人の教師がそれぞれに対応する授業は「物理的」に不可能です。そして，お客さんになっている子どもを授業に引き込むことは，あなたには無理なのです。いや，教師には無理だと思います。
　では，どうするか？　子どもたちと一緒にやるのです。楽しいですよ。ワクワクしますよ。さあ，始めましょう！
　　　　　　　　　　　　　　　　　　　　　　　　　　西川　純

目 次

まえがき

第1章
考え，議論する道徳授業と『学び合い』 ……… 7

- ❶ イジメ解決には役に立たない ……… 7
- ❷ 理解と納得 ……… 8
- ❸ みんな ……… 9
- ❹ 『学び合い』 ……… 10
- ❺ 近くの人と相談して ……… 11
- ❻ コロンボ型 ……… 13
- ❼ 相手意識・目的意識 ……… 14
- ❽ 多様な相手 ……… 15
- ❾ 評価 ……… 16

第2章
アクティブ・ラーニングを実現する！
『学び合い』道徳授業プラン 小学校編 ……… 18

〈小学校全体〉

- ❶ 子どもたちによる，子どもたちのための，道徳の教材（資料）づくり ……… 18
- ❷ 特別支援学級と一緒の授業で「いじめ」ストップ ……… 26
  【友情，信頼（人との関わり）】

〈低学年〉

❶ 自分できちんと ……………………………………………………………… 32
　【節度，節制（自分自身）】

❷ みんなのために ……………………………………………………………… 38
　【勤労，公共の精神（集団や社会との関わり）】

〈中学年〉

❶ たすけたい！　でも，やくそくも大事
　なぜ？　どうして？　クラスみんなで話し合う楽しい道徳！ ……… 44
　【親切，思いやり（人との関わり）】【規則の尊重（集団や社会との関わり）】

❷ あきらめない心 ……………………………………………………………… 50
　【希望と勇気，努力と強い意志（自分自身）】

❸ ルールやマナーはなんのため？ ………………………………………… 56
　【規則の尊重（集団や社会との関わり）】

〈高学年〉

❶ 口に出さない ………………………………………………………………… 62
　【正直，誠実（自分自身）】

❷ 世界家族〜幸せな暮らしってなんだろう〜 …………………………… 70
　【国際理解，国際親善（集団や社会との関わり）】
　【よりよく生きる喜び（生命や自然，崇高なものとの関わり）】

❸ 子どもが先生に！　子どもたちとともに創る授業 …………………… 76
　【勤労，公共の精神（集団や社会との関わり）】

第3章
アクティブ・ラーニングを実現する！
『学び合い』道徳授業プラン　中学校編 ……………………………… 82

❶ 猟師になりました。あと，炎上のこともちょこっと
　〜生命について考え，他の人の考えに触れて自らの考えを深める〜 ……………… 82

【相互理解・寛容（人との関わり）】
【生命の尊さ（生命や自然，崇高なものとの関わり）】

❷ ピカソとモンドリアンは何を描きたかったか
〜理想の自己表現を探究し新しいものを生み出そうとした先人から
探究心について学ぶ〜 ……………………………………………………………………… 88
【真理の探究，創造（自分自身）】

❸ 「ひとごと」から「わがこと」へ
〜差別を見抜き，許さず，なくしていこうとする行動力を培おう〜 ……………… 94
【公正，公平，社会正義（集団や社会との関わり）】

❹ 日常生活から始める道徳活動 …………………………………………………… 100
【節度・節制（自分自身）】

第4章
アクティブ・ラーニングにおける『学び合い』道徳授業とその可能性 …………… 112

❶ これまでの道徳地図を超えて 21 世紀の新しい枠組みをつくる …… 113
❷ 『学び合い』道徳授業のワンダーランド
〜子どもたちの有能さを信頼して授業をつくる〜 ………………………………… 114
❸ 子どもの道徳観を尊重する
新しい『学び合い』道徳授業に向けて ………………………………………… 120

あとがき

第1章 考え，議論する道徳授業と『学び合い』

1 イジメ解決には役に立たない

　イジメの事件が頻繁に報道されます。悲惨な状況で心が痛むことは多いと思います。道徳はそのようなイジメを減少させ，無くすことを期待されています。しかし，断言します。今の道徳は役に立ちません。
　え？　と思われたかもしれません。ムッとなったかもしれません。すみません。でも事実です。説明いたしましょう。理屈は簡単です。
　日本中の子どもの中で「イジメは悪い」とわかっていない子はどれぐらいいますか？　小学1年生だってみんな知っています。ましてやイジメ問題が深刻な中学生の場合，サイコパス等の反社会的人格者以外はみんな知っています。その子たちに副読本を読ませたり，役割演技したりすると激変すると思いますか？　おそらくしないでしょう。
　大人社会にもイジメはあります。そのような職場で副読本を読ませたり，役割演技をしたりすると激変すると思いますか？　おそらくしないでしょう。イジメはいけないことを知っていても，「でも，あの人は…」「私は関係ない…」「仕方がない…」と思っているからイジメをしたり傍観者になったりするのです。その人たちに副読本を読ませたり，役割演技をしても，「たしかにそうね。でも，仕方がない場合もあるのよ…」で終わりではないでしょうか？
　なぜでしょうか？　実は，理解することと納得することは違うのです。

2 理解と納得

　20年弱前に環境教育に関する調査を行いました。その調査では最初に，ゴミ分別のような環境に優しい行動を「やるべきか」「やらなくてもいいか」を子どもたちに聞きました。当然，「やるべきだ」という回答が多くを占めます。１カ月後に，同じ子どもたちにゴミ分別をしているか，していないかを聞きました。この２つの調査結果から，子どもたちを「やるべきだと考え，やっている子」「やるべきだと考えているが，やっていない子」「やらなくてもいいと考えているが，やっている子」「やらなくてもいいと考え，やっていない子」の４つに分類できます。おそらく予想できると思いますが，過半数の子どもは「やるべきだと考えているが，やっていない子」なのです。

　次に，環境に関する知識量との相関を調べました。その結果，知識量が多いと「やるべきだ」と考える傾向が見られました。ところが実際にやるかやらないかには相関が見られないのです。

　これが理解と納得の違いです。

　イジメ問題の授業を道徳で行えば，イジメはいけないことだと子どもは「理解」すると思います。しかし，イジメをやめるほどには「納得」はしないのです。では，どうやったら納得するようになるでしょう。私の例で説明をしましょう。

　現在の勤務先である上越教育大学に異動するため，東京都から新潟県上越市に転居したときの思い出です。上越市の交通量は東京に比べて格段に少ないです。横断歩道の信号が赤でも，車は来ません。左右を見ても車はいません。東京にいるときは迷わず横断歩道を渡っていました。しかし，上越市では渡れません。なぜならば，他の人（上越市民）が当然のように待っているからです。最初は驚き，次はイライラし，「なんて田舎なんだ！」と心の中で呪いました。しかし，１年も経たないうちにイライラがなくなり，ごく当然のように待てるようになります。その頃になると，赤信号を無視して渡る

中高生がいると,「人の道に外れている!」と怒りたくなるから不思議です。
　私はなぜ納得したのでしょうか? それは,私の周りの人がそのように行動していたからです。我々の規範は理屈ではなく,人とのかかわりによって生まれるものです。これはホモサピエンスの特徴だと思います。
　多くの生物はきわめて狭い環境に順応しています。例えばある蝶の幼虫はたった１種類の植物の葉しか食べません。そのような生物の場合は,本能という形でDNAに生活の術を刷り込むことができます。ところが,ホモサピエンスは違います。極北から赤道,砂漠から熱帯雨林,様々なところで生活しています。そのすべてにおいて生きる術をDNAの中に刷り込むのは不可能です。しかし,ホモサピエンスはうまい方法を選択しました。その方法とは「周りのみんなの行動をまねる」という,たった１つのルールを本能として刷り込むことでした。周りのみんなは「生きて」います。だから,それをまねれば生きられる可能性は高まります。そのまねたものが我々の規範の姿なのです。
　従って,「みんながそう思って,そう行動している」と子どもたちに思わせなければ,規範の獲得は不可能です。教師が子どもに働きかけることが中心の今の道徳の実践に欠けている部分だと思います。

３ みんな

　「みんながそう思って,そう行動している」と子どもに思わせるにはどうしたらいいでしょうか? 例えば,既に「みんながイジメはいけないと思って,イジメはしないし,イジメになりそうになった場合止めている」ならば,イジメはありません。もしイジメ問題が発生するとしたならば,「みんながイジメはしかたがないと思って,イジメはしているし,イジメがあっても見て見ぬふりをしている」クラスなのです。では,どうしたらいいでしょうか?
　これまた私たちがやった調査を紹介しましょう。
　私の勤める上越教育大学は学生宿舎が充実しており,多くの学生さんはそ

こで生活しています。この調査を実施した時期は，上越市ではゴミ分別は必須ではなく，分別しなくてもゴミを引き取ってくれていました。当然，学生さんの中にはゴミ分別をしている学生さんがいる一方で，ゴミ分別をしていない学生さんもいます。

　そこで，学生さんにゴミ分別をしているかをアンケートで聞きました。先に述べたように，両方ともいます。次に，「あなたと同じようにしている学生さんは，全学生さんの何割ぐらいですか？」と聞いたのです。その結果，ゴミ分別をしている学生さんも，ゴミ分別をしていない学生さんも，自分は多数派であると考えていたのです。

　人の行動は，その人が「みんながそう思って，そう行動している」ことをします。しかし，それは必ずしも正しいわけではありません。子どもを育てた経験のある方だったら，「みんな持っているから買って」とねだられたことはあるのではないでしょうか？　そこで，「誰が持っているの？」と聞くと，勢いよく２，３人の名前を挙げます。しかし，それ以上になるとあいまいになってしまいます。子どもたち，そして，私たち大人も「みんな」と言うとき，クラス全体，学校全体，社会全体を意識しているのではありません。普段接する小さい集団である場合が多いのです。

　正しい規範を子どもたちにもたせるには，まず，バラバラな小集団をまとめ上げクラスレベル以上の集団を育てなければならないのです。そして，その集団を適切にリードしつつ，集団内で「みんながそう思って，そう行動している」と確信させることが必要なのです。

4　『学び合い』

　私の教師人生の最初は高校教師でした。学力的には最底辺で，暴走族や暴走族OBが多くを占めている夜の定時制に採用されました。若い私は教師ドラマのような教師を目指し，それなりの自信を得ました。しかし，私は多くの子どもを見捨ててしまいました。それが私のトラウマです。

高校教師として挫折し，大学に異動してからは，そのトラウマを克服するため研究をして，その成果を実践に生かすことを続けました。それが『学び合い』（二重括弧の学び合い）です。

　『学び合い』とは「一人も見捨てない」という強烈な願いを実現するため，「多様な人と折り合いをつけて自らの課題を解決する能力を獲得することが学校教育の目的」という学校観と，「子どもたちは有能である」という子ども観で構成されています。文字数で言えば，8文字＋40文字＋11文字＝59文字ですべてを語っている教育の考え方が『学び合い』です。

　高校で学ぶ古典力学のほぼすべての公式が，F=mαという式を3次元に拡張し，微分・積分すればすべて導かれるように，たった59文字で表現される短い考え方を推し進めると，多様な場面に強力に適応することができます。

　しかし，本書は『学び合い』の入門書ではありません。あくまでも道徳の実践を豊かにすることを目的としています。従って，ここで『学び合い』の詳しい説明に入るつもりはありません。しかし，『学び合い』は学術と実践の膨大なデータがあり，蓄積があります。それによって，集団をまとめ，集団を動かすノウハウがコンパクトにまとめられているのです。従って，先に述べたような「納得」させるノウハウがあります。本書は，それをご紹介したいと思っているのです。

　具体的な実践に関しては，次章以降の実践事例の紹介に譲ります。ここではすぐにできる『学び合い』のノウハウをいくつかご紹介しましょう。

5 近くの人と相談して

　副読本を読ませたり，役割演技をさせたりした後に，子どもたちに考えさせる場面はあると思います。一定の時間を与えた後に子どもを指名し，子どもたちの回答を巧みにまとめ上げるのが定番だと思います。しかし，指名しても答えられない子どもも多いですよね。そんな子どもが3人も続くと時間

がどんどん無駄になります。

　そんなときは「近くの人と相談して」と一言伝えて数分与えるのです。最初だけは,「自分の考えをノートに書いてね」と指示をします。何人かの子どもが書き終わる頃になったら「書き終わった人は周りの人が何を書いているか読んでね。そして相談してもいいよ」と指示してください。そうすれば,しばらくすれば話し合い始めます。２回目以降は先に述べたように「近くの人と相談してね」で十分だと思います。

　これによるメリットはいくつかあります。第一に,黙っているよりは楽しいので子どもたちがリフレッシュします。第二に,これを繰り返すと真剣に考えるようになります。なぜならば,後で友達と話すからです。第三に,能力の高くない子どもの場合,時間をいくら与えても考えません。当てられたら,黙っていればいいんだと思っています。そういった子の場合も,他の子どもと話すことによって他の子どもの意見を吸収する可能性があるからです。自分自身で考えられることが望ましいのは確かですが,それができない子にとっては,人から聞くことは自分で考えられるようになるための一歩になります。

　さて,ここまでは『学び合い』以前,私が高校教師だったときから使っていたテクニックです。『学び合い』は「一人も見捨てない」ということを繰り返し,繰り返し語ります。そして,それは「徳」ではなく「得」であることを伝えるのです。また,『学び合い』では,子どもを２：６：２で考えます。できる子が２割,できない子が２割,その中間が６割です。今までの授業では,できない２割の子どもをなんとかしようとしていました。しかし,『学び合い』ではできる２割を動かします。

　例えば,先のように話させて,その後に子どもたちを指名したとき,答えられない子どもがいたら以下のように語るのです。

　「あれ〜？　なんで○○さんは答えられないのだろうか？　だってみんなで話し合ったんでしょ？　おかしいな。何度も言うけど,クラスはチームだよ。一人も見捨てず,みんなが自分の意見を持てなければならないよ。１人

見捨てるクラスは2人目を見捨てる。3人目を見捨てる。4人目は君かもしれないよ。第一，そんなクラスではいやだよね。君らには何かができたんじゃないかな？　次回を期待しているよ。」

6 コロンボ型

　犯人捜しのドラマには2つのタイプがあります。視聴者は犯人がわからず，主人公がそれを明らかにする名探偵コナンのような番組があります。もう一方は，視聴者は犯人がわかっています。しかし，それをどのように証明するかがわからない，刑事コロンボのような番組があります。

　道徳で子どもたちに考えさせるとき，その多くの場合で，教師は正解をもっています。少なくとも何でもOKではなく，一定の幅をもった正解をもっています。普通の授業では名探偵コナンのようにその正解を探らせるのです。しかし，先に述べたようにクラスの2割，3割の子どもは正解を知っています。だから白けてしまうのです。

　『学び合い』はそのような実態を踏まえて，刑事コロンボのような授業を組み立てます。例えば，イジメが悪いということを考えさせる授業の場合，具体的な場面を与え，「さて，このような場合でもイジメは絶対に許されない。しかし，『でもね～』と思う人は絶対にいる。そこでみんなに，クラス全員が納得する，どの場面でもイジメは許されない理由を考えてほしい。ただし，自分が『納得する』と思っているだけではダメだよ。どうしたらいいか？

　自分が考える，納得する理由を200字以内にまとめて書いてください。長く書けばいいというものではないよ。短くても，すっきりと納得させる説明が一番いいんだ。そして，クラスの人に説明して納得してもらったら，サインをもらってください。もし，納得してもらえなかったら，その理由を聞いて，説明を改良してください。そして改良した説明を納得してもらったらサインをもらってください。

本日の課題はクラスの全員が3人の人からサインをもらうことです」と言うのです。そして，クラスの黒板にはネームプレートを用意し，3人のサインをもらった人は，黒板に書かれた「できた」の丸の中に移動します。これによって誰がサインをもらい終わったか，誰がまだできていないかがわかります。

　教師は「クラスはチームだよ。今何が君たちにできるかな～」と授業中に言うのです。おそらく，自分一人で考えられるのはクラスの中の2割，3割程度です。しかしその子たちが周りの子どもに説明することによって，説明する側の子どもも理解します。そして，自分なりの説明をするようになります。

　先に述べたように，『学び合い』では最初は2割の子どもを動かし，その子たちが中間層の6割の子どもを動かします。そして，併せて8割の子どもたちが，教師にとってはどうしていいかわからない最後の2割の子どもを動かすのです。

　このような活動を意味あるものにするためには，子どもたち同士がかかわる時間を長くとります。長くとれば，長くとるほど急激に効果が高まるのです。

　この理屈は単純です。最初は一人で考えられる6，7人が自分なりの説明をします。その子たちが説明することによって，周りの10人ぐらいの子どもが説明できるようになるのです。そして，併せて20人弱の子どもが残りの20人強の子どもに説明するのです。つまり，倍々ゲームなのです。

7 相手意識・目的意識

　以上の指導が有効なのは授業が刑事コロンボのような展開であるからだけではありません。相手意識と目的意識がもてるからです。

　子どもたちに作文を書かせると，いつまでたっても「僕は7時に起きました。すぐに着替えをして，歯を磨きました…」レベルの作文しか書けません。なぜでしょうか？　私は相手意識・目的意識が希薄だからだと思います。

　例えば，子どもたちに作文を書かせるとき，誰かに読ませることを強く意

識させているでしょうか？　あまり意識させていない場合が多いと思います。子どもたちは「先生が読むのかな…」程度の意識です。また，遠足の作文を書かせる目的は何でしょうか？　これもハッキリしません。まあ，作文の練習，程度ではないでしょうか？　しかし，これで身が入るでしょうか？　例えば，校長先生から書類を作成することを指示されたとします。あなたが「どこに出す書類ですか？」と聞くと，校長先生に「まあ，とりあえずは出さないよ，あなたの書類書きの練習だから」と言われたら書く気になりますか？　ならないと思います。だから，先の課題においては，相手はクラスのみんなで，目的はみんなが納得すること，というようにハッキリさせたのです。

8　多様な相手

　イジメがあるクラスでイジメの話題を扱えば，話題がリアルすぎます。そして，「だって，あの子は」「でも〜，仕方がない」という彼らなりにもっともな理由をもっている場合があります。そのような場合は，説明する，納得してもらう相手をわざと変えるのです。

　例えば，先の例でいえば，相手を下級生にするのです。具体的には以下のようになります。まず，副読本を読ませた後に

　「さて，このような場合でもイジメは絶対に許されない。しかし，『でもね〜』と思う人は絶対にいる。イジメのある学校は君らにとっても良い学校とは言えないよ。そこで，君らの一つ下の下級生全員が納得する，どの場面でもイジメは許されない理由を考えてほしい。ただし，自分が『納得する』と思っているだけではダメだよ。どうしたらいいか？

　自分が考える納得する理由を200字以内にまとめて書いてください。長く書けばいいというものではないよ。短くても，すっきりと納得させる説明が一番いいんだ。君らが書いた説明を下級生に読んでもらう。クラス全員が下級生が納得する説明を書けることが本日の課題です。さて，下級生はここにはいない。どうやったら下級生にわかる説明を考えたらいいだろうか。こ

こには仲間がいる。みんなの力で乗り越えよう。」(下線の部分が先の例と違うところです)

　同じ課題であっても，相手を校長先生，保護者，上級生，下級生，地域の区長さん，地域選出の市議会議員…のようにバリエーションをもたせれば，一つの課題が多様になります。

9　評価

　総合的な学習の時間は平成12（2000）年に本格的に導入されました。それを見据えて，総合的な学習の時間の実践研究の発表会が日本全国の先進的な学校で行われました。そこには全国の教師が集まり大盛況でした。書籍も多く出版されました。大型書店の場合，本棚がまるまる1つ総合的な学習の時間関連の本で埋まりました。

　さて，今はどうでしょうか？　中型レベルの書店の場合，総合的な学習の時間の本は見つからないと思います。ICTや小学校英語に総合的な学習の時間の名残を見いだすことはできますが，総合的な学習の時間として前面に出した研究会が最近あるでしょうか？

　総合的な学習に批判的な立場からは，「教科学力は客観的評価が可能であるのに対し，総合的な学習の効果は測定不可能である。単なるお遊びの時間ではないのか」「学校・教員の違いによる効果の幅が大きすぎる」というような意見が出ています。これは道徳も全く同じだと思うのです。

　教育基本法第1条は以下のようにあります。

> 　教育は，人格の完成を目指し，平和で民主的な国家及び社会の形成者として必要な資質を備えた心身ともに健康な国民の育成を期して行われなければならない。

　道徳は教育の目標のど真ん中を扱っているのです。しかし，教育基本法のどの部分を読んでも「人格の完成」とは何かを示していません。ということ

は，我々教師が，学校が，自分たちの「人格の完成」のイメージをもてること，もつべきことを意味しています。そして，それに基づいて明確な評価をしなければなりません。

『学び合い』では人格の完成とは「多様な人と折り合いをつけて自らの課題を解決する能力を獲得すること」だと考えています。そして，その評価とは，多様なクラスにおいて子どもたちが折り合いをつけて一人も見捨てずに達成することなのです。

是非，その可能性も心にとめてください。

さて，前置きが長くなりました。以上に書いたものは入り口にすぎません。次章では，一人一人の教師が多様に，深く発展することができる，その具体例をご紹介いたします。

(西川　純)

第2章
アクティブ・ラーニングを実現する！
『学び合い』道徳授業プラン【小学校編】

小学校全体

1 子どもたちによる，子どもたちのための，道徳の教材（資料）づくり

「先生，この話は作り話でしょ？」と，道徳の読み物資料について，子どもたちから言われたことはありませんか。確かに，副読本の内容には，子どものリアリティと乖離するものもあります。そこで，子どもたちに「それなら，どうする？」と問いかけると，「自分たちで資料を作ってみたい」ということがきっかけで，子どもたちによる，子どもたちのための，道徳の教材づくりが始まりました。

 ポイント

☆子どもが，道徳の時間（1年間）に学ぶ道徳的価値を大観して，生きる上で多くの道徳的価値を身につける必要があることに気付けるようにする。

教師が，『「道徳の内容項目」の学年段階・学校段階の一覧表』（小学校学習指導要領解説　道徳編）（以下，「道徳内容項目一覧表」と示す）を提示し，全内容項目について学ぶことを伝える。

☆子どもが，多面的に自己の内面を振り返り，自己の課題に気付けるようにする。

自己を「道徳内容項目一覧表」にある価値項目ごとに見直し，自分に足りない思い（道徳的心情や態度等）を考えさせる。

☆子どもに，自己の課題解決に向けた教材づくりであること，友達と協働（『学び合い』）で作ることを伝え意識させる。
同じ道徳的価値を選択した子ども同士で班を編成し，道徳的価値の自覚が深められるように，自他の価値観を交流する時間を十分にとる。

 指導目標【全学年・すべての道徳の内容項目について実施可能】

友達とともに「道徳の教材」を作ることを通して，友達と自分の価値観をすり合わせながら，ねらいとする道徳的価値の自覚を深める。

 準備するもの

○道徳内容項目一覧表（『小学校学習指導要領解説　道徳編』平成20年）
○自校の年間指導計画　○副読本・心のノート・私たちの道徳など

 授業展開モデル

【第1次】
(1) **道徳の時間の目標や内容を伝える**
（T＝教師の発言　S＝子どもたちの発言）

> T：今までみなさんは道徳で，どんなことを身につけてきましたか。
> S：思いやりや親切な気持ちです。協力する心とかもあるよ。
> T：そうだね。道徳の時間は，そういう気持ちを心にたくさんためて，これからどう生きていくかを，みんなで考えていく時間ですね。（道徳の時間のねらいの確認）
> T：そういう気持ち，今，みなさんの心の中にたくさんありますか。

（ここで，「道徳内容項目一覧表」の配付）

> T：今，配った道徳内容項目一覧表を見てください。この1年で，みんなの心にためてほしい道徳の内容は，大きく分けると4つ。1つめは明るい心や勇気など，自分自身に関すること。2つめは思いやりや親切など，他の人とのかかわりに関すること。3つめは自然を大切にする心や命を大切にする心など，自然や崇高なものとのかかわりに関すること。4つめは公徳心や郷土を愛する心など，集団や社会とのかかわりに関することです。細かく見ていくと，高学年では22（中学年20）項目あります。さて，<u>この項目を見て，自分に足りない思いやもっと深めていきたい気持ちは何かを考えて</u>，ノートに書いてください。（道徳の時間の内容の確認と，振り返りを促す）
>
> S：え～。こんなに，いっぱいあるんだ。どこをもっと伸ばしたらいいかな。

（ここで，ノートに記入）

(2) この学習（1次～8次）のねらいを伝え，見通しをもたせる
① 学習のねらい（課題）を黒板に提示する

> 自分に足りない思い（道徳的価値）を見つめて，そこを深めるための道徳の教材を，友達と協力して作ろう。

> T：今回の課題は，「道徳で身に付ける内容の中で，今自分に足りない思い（道徳的価値）を深めるための道徳の教材を，友達と協力して作ること」です。しかも，道徳と他の時間を使っても8時間しかないので，この時間内で仕上げます。みんな自身が自分や友達の心を育てるための道徳の資料や教材になるものを作ってほしいと思います。（～略～）

○ねらいを確認する
・自分に足りない思い（道徳的価値）を深めるための教材を作ること。
・友達と一緒に作成することで協力する力もつけること。

○見通しやゴールイメージを伝える
・8時間で仕上げる。(清書して印刷ができる状態にする)
・作成した全教材は1冊にまとめて,全校の児童と先生方に配る。
　② グループ編成

> T:自分に足りない思いや,深めたい気持ちについて書いて,それをもとにグループを作ってください。グループの人数は多すぎても話合いはまとまらないし,少なくても大変かもしれません。理想としては4人くらいがいいと思いますが,みんながやりやすい人数で構いません。

班は,4～5人のグループが多く,子どもたちが選んだテーマは下記のようになりました。

主題	1年	2年	3年	4年	5年	6年	計
自分自身	0	1	2	4	1	3	11
他の人	19	12	1	4	10	7	53
自然・崇高	0	0	3	3	3	3	12
集団・社会	0	0	0	1	0	0	1

児童が選択したテーマ(主題)と班の数

(※1年生については,担任と相談の上,他の人とのかかわりにしぼった。)

【第2～8次】
◆**学習計画の作成と教材づくり**
　○　学習のねらい(課題)を確認する

> 自分に足りない思い(道徳的価値)を深めるための道徳の教材を友達と協力して作る

> T:いよいよ今日から,道徳の教材づくりを始めます。そのために学習計画を立てますが,まず自分たちに足りない思いは何なのかをよく話し合

って，具体的にテーマを決めてから，計画を立ててください。

○班ごとに，作りたい教材のテーマを設定する
自分たちに足りない思いは何かを具体的に考え，その思いを高める内容にする。
○学習の進め方を，みんなで決める
1時間ごとにどのように進めるかを決める。
○注意事項を伝える
・みんなで協力して作成する。・期限は必ず守る。
・副読本・心のノート・年間指導計画は参考にしてもよいが，世界でたった一つのオリジナルの教材を作る。
※年間指導計画については，例を挙げて補説する。

【広い心をもちたい班の話合い：5名】

A：まず，テーマは「広い心」で…
C：だから，「広い心」の中で，もっとテーマをしぼらないといけない。
D：その中で自分に足りないものは。
A：そう。だから，みんなと仲良くするとか。
B：でも，無理だと思う。自分の性格に合わない人や仲良くできない人いるもん。
A：仲良くしなくてもいいけど，なんか一応，広い心で。
B：（仲良く）できなくても，いじめをしないとか。
C：うん，ちょっとのことで怒らないことにしよう。
A：自分の何が足りませんか？　Eちゃん。
E：え〜。私は自分の意見と一緒じゃない子に悪口言っちゃう。（〜中略〜）
A：自分と違った意見を出す友達がいると普段通りに接することができないから…
E：うん。そこを直したい。

C：自分と違った意見でも，優しく接してあげる。
E：うん。優しくしてあげる広い心をもつ。
D：優しくしてあげる広い心をもつの？
A：優しくしてあげる？　意見が違っても，優しくしてあげるの？　優しくしてあげるわけじゃなくて…。
D：それだと，（意見が違う時に相手に優しくしてあげることで，）自分の意見とか意志が言えなくなったり，それにその人が間違ったりしている可能性もあるから…。
A：だから，普段通りでいいんだよ。
D：うん，相手の意見を聞いて，態度を変えないってこと。
A：じゃあ，自分と違った意見でも，相手の意見も聞き入れる心の広さをもつ。

価値観のすり合わせ
↓
共　有

五年　道徳の意味

あなたは，道徳を知っていますか？
ぼくたちは五年間，道徳の授業を受けてきたのに，「道徳ってなに？」と聞かれても答えることができません。なので，みんなで道徳について考えてみることにしました。
まず，辞書で調べてみると，
「道徳とは，人として守らなければならないことがら」
「社会生活を行ううえで，人が守らなければならない正しい行い」（例解小学国語）と書いてありました。
また，学校で使う道徳の本には，

① 寛容（心が広くて，よく人の言うことを受け入れる様子）
② 友情（友達どうしの思いやり，まごころ）
③ 思いやり，親切（他の人に対して思いやりの心が深い様子）
④ 個性伸長（その人が持っている性質をのばすこと）
⑤ 責任（自分が引き受けてしなければならないこと）
⑥ 勇気（何事もおそれない強い心）
⑦ 礼儀（生活をする上で，人に対して失礼にならないようにする作法）

その中で難しかった「寛容（かんよう）」について，みんなで考えたことを話します。

日曜日，町内運動会の日，プログラムの最後をかざる子供会のリレー。
上泉町の代表として，秋子，一郎，すみ子，たかしが出場。
秋子に続いて一郎が走った。一郎からバトンを受けて，すみ子からたかしへ。すみ子はトップでバトンを渡した。たかしに，コーナーをまわろうとしたとき，転びそうになった。バトンは手から離れ，飛んでいってしまった。チームの結果は最下位。
「ごっ，ご・め・ん。」
たかしは，消えてしまいそうな声で言った。
一郎は，
「バトンを落とすなんて」
と，たかしをにらんだ。
たかしは，さらに，がっかりしてかたを落とした。
そのとき，
「たかしさん，こんなこともあるよ。気にしない。大きな体が小さく見えた。
すみ子の声が，一郎の耳に響いた。
その言葉は，朝の光のように，真っ暗だったたかしの心を明るく照らした。

あなたは，この話をどう思いますか？
一郎は，ひどいと思いますか？一番下位になったくやしさ……もわかりませんか？
でも，一番一郎の気持ち，自分のチームが最下位になったくやしさ……もわかりませんか？
たかしの失敗をせめず，「気にしない。気にしない」と言ったすみ子をどう思いますか？
みんなは，すみ子みたいに人をゆるせますか？

六年　地球のために今出来る事

ある日、僕が学校から帰ってくると、目の前で友達の正平君が、ポテトチップスのごみを捨てていました。すると、そこに妖精のような生き物が上から落ちてきました。

「いて」
といいながらたつと、正平君に注意をしました。ところが、正平君は怒って帰っていってしまいました。妖精は
「こういうことをしちゃいけないよね」
というので、ぼくは
「うん。」
と言いました。
ぼくが
「きみはだれ。」
と聞くと、
「ぼくは、グリーン星からきたエコです。」
とこたえました。
「どんな星なの、いってみたいな。」
とぼくがいうと
「じゃあ僕と一緒に言ってみよう。」
といって、僕とエコは光に包まれていきました。

目を開けると、地球とはまったく違う星にいました。
「これくらいが、当たり前さ。地球は汚すぎる。地球も昔は、水も空気もきれいで、緑がいっぱいだった。けど、今は、車や工場から出るガスのせいで、空気が汚れているね。また、人間がごみをどんどん捨てていくせいで、地球は、汚れていっているんだよ」
「そんなに地球は今、ひどい状態なのか。僕たちにも、何かできることはないのかな。」
そういってから、ぼくは、しばらく考えてみた。
「ぼく、できるだけ、ごみを増やさないようにすることから始めるよ。」
「そうだね、君たち地球人みんなが、ゴミを減らしたり、ポイ捨てをやめたりすれば、きっと変わってくるよね。近いところにいくときは、歩いていったり、自転車で行ったり、あまり車を使わないこと」
「それから、テレビをつけっぱなしにしないとか、あまり電気を使わないようにするのもいいね。」
「そうすれば、きっと、地球だって前みたいな美しい星にもどれるんだよ。」
とエコはにこにこしながら、いいました。
ぼくの頭の中でいろいろなアイデアがうかんできた。
「でも、一番大切なことってなんだろう？」
それは、「地球のために今出来る事を考えて、すぐに実行すること。一人一人の力は少ないけど、みんなでやったらすばらしい力になる。」そう思った。
「なんだ、夢か。」
といって、ぼくは、ふとんをかぶり、寝ました。
すると、そこは、ぼくの部屋のベットの上でした。
「待ってぇ。」
と、ぼくが言うと、そこは、ぼくの部屋のベットの上でした。

次の日、ぼくが、学校へ行く途中に、友達の正平君が、また、ごみを、ポイ捨てしていました。ぼくが
「ポイ捨てするなよ。」
と、注意をすると、正平君は一瞬こわい顔で
「何でだよ。」
といいかえしました。
「このごみが地球をよごすんだよ。地球がよごれれば、空気もよごれて生き物は、みんな生きていけないんだよ。」
とぼくがいうと、
「しょうがねぇなぁ。」
と、言って正平君はごみをごみばこに入れました。
みなさんも、「地球のために今出来る事」を考えて、すぐに実行してみてください。お願いします。あなたが「地球のために今出来る事」は、なんですか？

二年　くもの上のこうえん

かざまくんが、まさとくんに
「ブランコかして。」
といいました。けれど、まさとくんは
「やだね。」
といいました。
かざまくんはかなしいかおをしていえにかえりました。まさとくんは、一人ぼっちでブランコであそびました。だけど、一人であそんでもつまらなかったんで、いえにかえりました。

その中に、空からかみさまがふってきて
「こっちにおいで。」
と手まねきしました。
まさとくんがついていくと、そこはくもの上のこうえんでした。まさとくんは、そのかおを見て、かざまくんのかなしいかおで立っていました。まさとくんは、かなしいかおといっしょだなと思いました。
かみさまは
「おまえはなんでブランコをかしてやらなかった。ひとりであそんでたのしかったかい。」
ときました。
まさとくんは、ぜんぜんたのしくなかったことを思いだして、
「ぼくはブランコをかしてあげていっしょにあそべばよかったとたのしかったと思います。」
とまさとくんはこたえました。
かみさまは、にこにこして
「よくわかったね。ともだちにやさしくすると、じぶんもしあわせになれるんだよ。」
とおしえてくれました。

まさとくんは、かみさまにもとのせかいにもどしてもらったつぎの日、こうえんでブランコをしました。すると、かざまくんがきて、
「かして。」
といいました。
まさとくんはえがおで
「いいよ。」
といって二人でたのしくあそびました。

実際に子どもたちが作った教材の一例

※文章の作成，清書，挿絵の作成，写真撮影などすべて，子どもたちが協力して行った。（1，2年生についてはパソコンでの清書は教師が行った。）

授業をふりかえって

☆学習計画を立てる際，テーマや主題について話し合うことで，自他の価値観のすり合わせがあり，道徳的価値の自覚が深まりました。
☆教材を作る過程で，子ども一人一人の体験や思いが生かされ，自分とのかかわりで価値を考えることができました。
☆子ども同士が協力して教材を作る時間をたっぷりとることで，子ども同士の人間関係がよくなりました。

（藤井　麻里）

小学校全体

2 特別支援学級と一緒の授業で「いじめ」ストップ

関連項目：B「人との関わり」―10　友情，信頼

「人権週間」の取り組みに最適！

毎年12月4日～10日に人権週間があります。人権教育は，カリキュラムにも位置付けられ全校集会もあり，「いじめ」防止に取り組む学校も多いことでしょう。「いじめ」の指導はテレビドラマのように熱血的に解決できるというものではなく，日常の学校生活の中で積み重ねられた差別意識と大きく関係します。上位も下位もなくみんなが仲間だという気持ちこそが，「いじめ」予防の大きな力となります。今回は，校内で最も差別されやすい特別支援学級の子どもの理解を広げるために，通常学級で一緒にできる道徳の授業を提案します。

指導目標

〈B―10　友情，信頼〉

　授業に参加した子どもが，相手の気持ちを聞いたり自分の体験を伝えたりすることで感情を共有し合える仲間としての気持ちを育てる。

準備するもの

○**事前に準備するもの**
　・事前調査「いじめ」アンケート

○**当日準備するもの**
　・事前調査「いじめ」アンケート結果を書いた模造紙
　・ワークシート
　・絵本『わたしのいもうと』松谷 みよ子作，味戸 ケイコ絵，偕成社

授業展開モデル

　この授業は，1年生から6年生まで実施可能です。交流学級と相談してもよいですし，支援学級を受け入れられる学級ならどの学年でも実施できます。ポイントは，事前のアンケートに支援学級の子どもの本音を引き出して具体的に書いてもらうことです。支援学級の子どもは，慣れない学級の授業の中では話すことに勇気が要ります。事前に嫌な体験やことばを聞いてアンケートに盛り込むと，授業の中で取り上げてクラスのみんなと共有できます。

(1) **授業目的を伝える**

　「今日の道徳の学習は，人権週間でもあるので『いじめ』について考える授業をします」などと授業目的を簡単に伝えましょう。

　「先日，みなさんにアンケートをとりました。その結果から，びっくりすることがわかりました」と言いながら，アンケート結果の模造紙を黒板に貼ります。アンケートで書いてもらった個人的に言われた嫌なことばや態度，暴言，暴力などの結果をカテゴリー別に書いておきます。一つ一つ読み上げながら，子どもの顔を見て反応を観察します。経験があるかどうか挙手させても構いませんが，時間がかかります。支援学級の子どもの反応も見ましょう。ここで，模造紙を見た子どもが「あるある!!」と，発表したいとそわそわするかもしれません。とても，興奮する子も出てきます。その場合は，柔軟にやりとりをしてください。支援学級の子どものアンケートも紹介しますが，アンケートを読み上げる際に支援学級の子どもの名前を言った方がいいか，言わないでいた方がいいかなどは事前にその子どもに希望を聞いておくといいと思います。名前を出さずとも自分が言われた嫌なことばを伝えるだけで，自分のつらさを伝えてもらえたと感じることができます。

(2) **絵本の読み聞かせ**

　アンケートの結果で学級内に問題点があることに気が付いた様子がうかがえたら次に，絵本の読み聞かせをしましょう。その際に，次のようなことを話します。

「みなさんの中にはいやな経験をした人がたくさんいるんですね。なかよくしている学級のように先生は思っていました。でも，この学校で『いじめ』があるかもしれないととても心配になってきました。今から，本当にあった『いじめ』の絵本を読み聞かせをします。よく聞いてくださいね。」
　絵本の読み聞かせの後は，「いじめ」のせいで死んでしまった人がいるという事実に学級全体がショックを受けている状態になります。このときに，感想を聞くか聞かないかは学級の実態に応じてください。

(3) **ワークシートへの記入について指示をだす**
　ここは，『学び合い』の語りになるところです。語りの後は時間を決めて，自由な交流ができる『学び合い』タイムにします。
　「今から，いじめがない学校にするためにどうしたらいいかをみなさんに考えてもらいます。自分が体験したつらいことから，下級生にわかるように手紙を書いてもらいます。この学校で，絵本にあったような『いじめ』がないようにするために，クラスの人と相談して手紙を書いてください。支援学級の子どもたちやだれかが書いていないときは声をかけてください。ここにいる全員で，手紙を書いて，この学校を『いじめ』がないすばらしい学校にしましょう。早く書き終わった人は，他の人の手紙を読み合いよく書けているところをほめ合いましょう。時間は，○時○分までです。」
　ワークシートの量については，学年に応じて考慮してください。支援学級の子どもも同じワークシートで取り組みます。ひらがなが書ける程度でも大丈夫です。できないところは，代わりに誰かができるところまでします。肢体不自由の子どもだったら，代行で誰かが書いてくれます。とことん，優しい子どもたちの姿が見え始めます。このような姿は，後でしっかりほめることを覚えておきましょう。また，手紙の書き方で悩む子どもがいるので教師が書いた手紙をいくつか貼っておくと書き始めに悩まないでしょう。

(4) **『学び合い』タイムの留意点**
・下級生に書くということがピンとこないときには，机間巡視をしながら「簡単な言葉を使っている人がいるね。さすがですね。難しい言葉は，わ

からないよね」などと全体的に声をかけます。
- 支援学級の子どもがまだ書いていなくても，教師が側に行くのはやめましょう。側に行くと，この授業のねらいである感情を共有できる仲間と出会うチャンスが減ります。
- 教師に質問をしにきたときは，それとなく答えられそうな子どもとつないでいきます。
- 参加している子どもたちがみんな書けたのかどうかが気になるところですが，声かけをしながら，書けていない子どもたちに周囲が気がつくようにそれとなく全体に語りかけます。
- 「みんなで考えることが大切なこと」と歩きながら語りを続けます。集団の中で目立つ行動をする子どもがいても，個別の注意は極力避けます。
- 集団の中で，できない友達を気遣って動く子どもが出てきます。ここでも称賛をしてもよいのですが，最後に称賛をすることでより全体に広がっていきます。
- 支援学級の子どもが，和気あいあいとかかわっている姿がなくても残念に思わないでください。同じ時間に同じような課題をすることで，支援学級の子どもを周囲が理解していきます。感情を共有できる仲間だと認識するまでには，このような時間が複数回必要になりますが，支援学級の子どもが自分たちと同じなんだという気持ちが，触れ合う中で培われる非常に大切な時間です。理想とはかけ離れているような状態で座っているとしても，内面での変化は，その子とクラス全体にあるものと思って大丈夫です。
- 支援学級の子どもたちの理解は，とてもスローです。ですから，1回の授業では何をしているのかわからない子どもや行きたくないという子どももいるかもしれません。そのような場合は，不安感ができるだけ少ないように環境を調整してください（例えば，仲が良い子どもや知っている子どもの側に座るようにするなど）。

(5) **かかわり合いを称賛する**

時間になったら席につくように指示を出し，かかわり合いを称賛しましょ

う。これは一般的な研究授業の終末にあたる部分です。
　『学び合い』の授業では、『学び合い』タイムに多くの時間を使うために最後は３～５分程度で終わります。差別的な偏見が生まれるのは、その子と接する時間がないからです。『学び合い』タイムが多ければ多いほど相互理解が進むということです。「いじめ」を防ぐための最大の手立てはその子を知ってもらうことです。ですから、この授業では支援学級の子どもが参加することで通常学級の子ども一人一人が抱える差別的感情をなくし「いじめ」防止の一歩とします。その点を踏まえながら、最後の５分で『学び合い』タイムで人とかかわって取り組んでいた様子を最大限称賛します。
【例】
　「みんなで一生懸命考えて手紙を書いている姿が、とてもすばらしかったですよ。この小学校が、すばらしい学校になるように○○（支援）学級さんもクラスのみんなも全員がことばを考えて書いていましたね。その気持ちが、すばらしいと思いました。」
　「○○さんは、支援学級の友だちに声をかけたり教えていたりしていましたね。全員で書きましょうと話した先生の言葉をよく聞いていましたね。○○（支援）学級のみなさん、どうでしたか？」（感想）
　「手紙を書けていない人を探している人がいましたね。先生は、何も言わなかったのに自分から探し始めました。すごい行動力です。きっと、声をかけてもらった人は、うれしかったと思います。○○さん、声をかけてもらっていましたがどうでしたか？」（感想）
　いつもは多動で注意ばかり受ける子どもも、『学び合い』タイムでは、ヒーローのごとくお助けマンになっていることがよくあります。
　そういう機会をとらえてほめることにより、他児を思う気持ちをもつことは肯定され、かつ相手から感謝されるという体験が残ります。自己肯定感が育つとともに「いじめ」という行為に対する嫌悪感も醸成されることになります。

子どもたちの成果（手紙から抜粋）

・支援学級から１年生へ
　「けんかをしたら，いじめがはじまるよ」
・３年生から２年生へ
　「いじめは，いけないよ。ことばは，すごいちからをもっているからね」
・４年生から３年生へ
　「いじめはだめですよ。いじめをされた人は，こわくてたまらないから」
・６年生から下級生へ
　「人の気持ちを考え，その場面に合った言葉をかける。自分の幸せだと思う行動を相手にもしてあげる」

 授業をふりかえって

　全学年で実施することにより，昼休みに支援学級に遊びに来る子どもが増えました。そして，支援学級の子どもの家の近所に住む通常学級の子どもが一緒に遊ぶようになったことを，支援学級の保護者がとてもうれしそうに教えてくれました。その保護者は，「なぜ，わたしの家には友達が遊びに来ないの」と聞かれて困っていたそうです。そのような交流の姿は，『学び合い』タイムにより相互理解が進んだ結果だと言えます。支援学級の子どもは，全校で障害を理解してもらうことによって，心ない言葉を投げかけられることがほとんどなくなり，学校生活で頑張っている姿を子どもたちから声をかけてほめてくれる姿も見られるようになりました。

（深山　智美）

低学年

1 自分できちんと（2年）

関連項目：A「自分自身」―3　節度，節制

2年生に進級し，張り切っている子どもたち。学校に1年生を迎えて，上級生になった喜びと活気を大切にし，自分のことは自分でしようとする態度を育てる授業です。

 授業実践への道しるべ

　道徳副読本の資料を使った授業です。1年生の副読本資料「もうすぐ　2ねんせい」と登場人物が同じであることからも，最初の授業として，興味・関心をもって取り組めるものです。

　低学年の時期に基本的な生活態度を身につけることは，子どもの人間形成において重要です。整理整頓が苦手な子や忘れ物が多い子がいても，忘れ物調べをすれば，忘れ物は減り，帰りの会などに整理整頓の時間を組み込めば片付けもできます。特に進級したての時期は，希望や緊張もあって忘れ物も少なく，片付けもできています。この時期にしつけではなく，子ども自身が内面から，そうすることが望ましいと自覚することで，節度のある生活態度を身につけ，生活習慣の見直しと定着を図っていきたいと考えました。

　授業は，次の流れで進めます。

(1) **課題提示**

　「この時間に学んでほしいこと」を子どもたちにわかるように伝えます。

(2) **資料提示**

　主人公の気持ちを感じ取れるように，挿絵を活用して，範読します。

(3) **話し合い**

　資料のねらいとする道徳的価値を，主人公の考えや行為から感じ取り，考えを広げられるようにします。

　ねらいとする道徳的価値を，自分の生活の中で，自分自身のこととしてと

らえられるようにします。
　展開については，前段と後段に分けて考えていくところですが，途中で分断しないで話し合うことで，子どもが価値を自覚していく過程で，資料の理解が生かされると考えました。

 指導目標

〈A―3　節度，節制〉
　自分でできることは自分でやり，希望を持って生活しようとする態度を養う。

 準備するもの

　資料「じぶんで　オッケー」：『どうとく　2　みんな　たのしく』（東京書籍），ワークシート
資料の概要は以下の通りです。

　「じぶんで　オッケー」
　2年生になったとも子は，「2年生に　なったのだから，わすれものはしない。」と，ちかいを立てます。しかし，実際は「ねえ，ねえ，おかあさん。ハンカチ。」と母に頼っています。「ハンカチ，オッケー。ちりがみオッケー。わすれもの　なあし。」と，言って確かめていることで，自分がやっている気になっています。
　しかし，なかよしのみちえさんから「ともちゃん，すごい。おかあさんにたのまないんだ。」と言われて，自分がやっていたのではないことに気づきます。
　そして，次の日から，ハンカチも自分で用意し，「ハンカチ，オッケー。ちりがみオッケー。じぶんで　オッケー。」に変わっていきます。

第2章　アクティブ・ラーニングを実現する！『学び合い』道徳授業プラン【低学年】　33

授業展開モデル（発問・反応）

(1) 課題の提示と説明

課題：みんなで話し合い，自分にできることを考えよう

　この時間は，お話の中のとも子さんの心の動きを読みとって，自分にできることを考える時間です。

　また，考えたことをいろいろな人と話し合い，みんなで高め合う時間でもあります。

　この時間の最後には，「自分はこう考えた」とか，「これからはこういう考えで，これをしよう」と，自分のことをだれにでも言えるようになってください。そして，思ったことを正直に，全員と話すくらいたくさんの人と話し合ってください。

　話しかけられたら必ず聞き，聞かれたら必ず答えることを守ってください。誰一人として話し合いの仲間外れを作ってはいけません。

　ここで，話し合いの仕方・約束についての確認をしました。内容は以下の通りです。

　　・自分の考えを伝えること。
　　・人の考えを聞くこと。
　　・教室の中ならば，どこで話し合ってもよいこと。
　　・自分の考えは正直に伝えること。
　　・人の考えを安易に否定しないこと。
　　・人の話を聞いて，自分の考えを変えたり直したりしてもよいこと。
　　・誰も見捨てず，みんなでみんなの考えをわかるようになること。

(2) 資料提示

　教師による範読を行いました。

(3) **中心発問**

> 最初に，とも子さんの心が動いたところを見つけてください。そして，心が動いたわけを考えましょう。
> 次に，自分ができること・できたこと，やろうと思っていることを考えましょう。

ワークシートに記述された内容は以下の通りでした。

とも子さんの心が動いたところ	こころが動いたわけ
・どきっとしたところ。 ・ちかいをたてたところ。 ・せんせいが「自分でできることを一つでもふやしましょう。」と，言ったところ。	・ハンカチは自分で出してない。 ・お母さんにやってもらっている。 ・自分でやってない。 ・（わたしは，もう　はじめちゃってるよ。）心の中で思っていたのは違っていた。 ・うそついてしまった。 ・２年生になってやる気が出てきた。 ・「もうはじめちゃってる」と，うれしそう。
自分にできること・できたこと	やろうと思っていること
・時間割をそろえている。 ・学校からの手紙をわたしている。 ・鉛筆を削っている。 ・お箸セットを出している。 ・言われる前に宿題をする。 ・遊びに行く前に宿題をする。 ・ハンカチやティッシュの用意。	・上履きを洗う。 ・お箸セットを洗う。 ・給食当番の白衣の洗濯。 ・体育着の洗濯。 ・朝食の準備。

とも子さんの心が動いたところは，ほとんどが「どきっとしたところ」でした。また，「ちかいをたてたところ」など，少数意見もありました。

自分にできること・できたことでは，１年生の時から継続していることだ

けでなく，2年生になってから取り組んでいることも出されました。やろうと思っていることの中には，2年生ではできないようなことも含まれていました。「できること」と「できないこと」，「できたこと」と「できたと錯覚していること」を考えることも含め，話し合いを行いました。

(4) **話し合い**

　前半は，主にとも子さんの心の動きについて考えを伝え合う形で始まりました。ほとんどの子どもが「どきっとしたところ」で心が動いたととらえていたので，「ちかいをたてたところ」や「せんせいが『自分でできることを一つでもふやしましょう。』と，言ったところ」といった少数意見の子どもたちは懸命に説明をしていました。しかし，ある子の「心が動いたから次の日，『おかあ…』ってなったんだと思う」という発言から，「心が動くって，そういうことなんだ」ということが伝わり，とも子さんは自分でできたと思っていたけれど，実はできていなかったと，話し合いが落ち着きました。そこで教師が「とも子さんはそうだったんだね。自分のことはどうなのかなあ」とつぶやくことで，話題を転換しました。このような教師のつぶやきによって，資料を通じてねらいとする道徳的価値を追求・把握する段階から，ねらいとする道徳的価値を子ども自身のこととして身につけていく段階への移行が，分断することなく，緩やかに行うことができます。

　続いて，自分にできること・できたこと・やろうとしていることについての話し合いが始まりました。お互いに，できることなどを伝え合い，自分にないことをつけ足していきました。いつのまにかワークシートがいっぱいになり書くスペースがなくなってきました。あるグループで，「白衣の洗濯は，洗濯機を使うからお母さんにやってもらった方がいい」「ご飯を作るのも火を使うから危ない」という話をしていたので，教師が「なるほどね」と，ひとり言のようにつぶやいていました。すると，数人がそのグループに集まってきて，「確かに」「そうだよね」と言いながら自分のグループに戻っていきました。しばらくすると，ほとんどのグループが「できること」と「できないこと」について話し合うようになってきました。

このような場合，子どもたちはできていることを中心に発言します。子どもたちの意欲を尊重する面からも，多くのことを出させていくことも大切ですが，「できていないこと」や「できないこと」を考えさせることも必要です。「それはできませんね」「もう一度考えなさい」と教えていく指導も考えられますが，「できること」と「できないこと」を話し合っている子どもたちを可視化（存在を教える）することで，子どもたち自身で解決していくことができます。

(5) 振り返り

　話し合いを5分前に終了し，今回の話し合いで考えたことを，学級活動で決めた自分の「1学期のめあて」につけ足して書かせました。

 子どもたちの成果

　前半は，クラスメイトの様々な考えに触れることで，資料の内容理解を含めて中心価値に迫る話し合いを行うことができました。後半は，多くの考えを出し合い，「できること」と「できないこと」，「できたと錯覚していること」に気づき，資料を離れ中心価値を生活の場に広げることができました。

 授業をふりかえって

　子どもたちが「1学期のめあて」につけ足した内容から，本時の学習で，できることは自分でやってみよう，挑戦してみようという気持ちが高まったことが見て取れます。また，話し合いによって多くの考えに触れることで，その考えに触発されて行動が変わっていく様子も見られました。授業で高まった子どもの意欲を，継続・実践化につなげていくためにも，学級だよりや懇談会等で家庭との連携も必要になってくるでしょう。

　前半と後半の話し合いが十分にできたこと，クラス全員と交流ができた子どもが8名いたことからも，いかに多くの考えの交流ができていたか，それは『学び合い』だからできたことです。

（武居　良行）

低学年

2 みんなのために

関連項目：C「集団や社会との関わり」―12 勤労，公共の精神

この時期の低学年の子どもたちは働くことが大好きです。学級内のいろいろな仕事に率先して取り組もうとします。仕事をすることが楽しく，どんどん働く子どもたちに，自分の楽しさだけでなく，他者とのかかわりを考えさせることで，みんなのために働くことへの意欲を高めていくとともに，前向きに生活していこうとする態度を育てます。

ポイント

働くことのよさを感じて，みんなのために働こうとする意欲を高める。

指導目標

〈C―12　勤労，公共の精神〉
　働くことのよさを知り，みんなのために働くこと。

準備するもの

○資料「森のゆうびんやさん」
　　（文部科学省『わたしたちの道徳　小学校１・２年』）
○ワークシート（子どもの人数分）＊P43参照
　　（ペープサート，ハンドパペットなどなくても可）

授業展開モデル

⑴　「みなさんは，どんなことをして働いていますか？」

　口ぐちに「係！」「給食当番！」「うさぎの世話！」という声が上がります。そこで黒板に，次のように板書しました。

38

はたらくことが　みんなのやくにたつことについて　かんがえる。

　1年生にとって少々言い回しが難しい気がしますが，簡単な表現にすると，本時のねらいが伝わりにくくなると考え，あえて上記の表現にしました。資料の内容を楽しく把握させるために，黒板に登場人物（図1）を描き，主人公（図2）をハンドパペットで登場させ，教師があらすじを読み聞かせました。

図1　「森のみんな」のイラスト

図2　「森のゆうびんやさん」くまさんのパペット

　資料のあらすじは，おおまかに次のようなものです。
　「森のみんなは，森の郵便屋さんであるくまさんの配達を，いつも心待ちにしている。配達がない日でも，いろいろ話しかけてくれるので，くまさんがやってくるのを誰もが楽しみにしている。
　雪の日でも，くまさんは山の上のやぎじいさんのために，小包を配達する。一日の仕事を終えたくまさんの家に，森のこりすからお礼の手紙が届く。」
　読み聞かせが終わった後，次のような問いかけをしました。
(2)　**「森のみんなは，どんなことを思っていたでしょう？」**
　主に，以下のような反応が出ました。
・いつも，ありがとう。
・ゆうびんを，たのしみにしているよ。

(3)「雪の日に小包を届けてくれたくまさんを見て、やぎじいさんはどんな気持ちだったでしょう？」

　ここは、子どもたちの反応をできる限り拾い、板書していきます。次のような発言が出ました。
・こんな雪の日に、とおいところから来てくれて、ありがとう。
・毎日届けてくれて、ありがとう。
・さむいだろうに。雪にうまらなかった？
・おれいでも、したいなあ！
　そして、次のように投げかけました。

(4)「1年生のみなさんも、いろいろな仕事をしていますね。それは、どんなふうに、みんなの役に立っていますか？　くまさんに手紙で教えてあげましょう。相談してもかまいません。みんなが書けるようにしましょう。時間は15分間です。」

　書くときのポイントとして以下の3点を示し、ワークシート（P43）を配付しました。

①どんなしごとをしているか。
②それは、だれのやくにたっているか。
③どんなきもちがしたか。

　子供たちはワークシートに向かい、「くまさんへ」と書き出しを書いた後、自分のやっている仕事と、その仕事をした時の気持ちを書き始めました。

　すぐに書き始める子がいる中、なかなか書き出せないA児がいました。自力でかなり書き進めていたB児が、A児の様子に気が付きました。B児はすぐにその子を自分の隣に来るように誘い、机を並べて、自分のワークシートを書きながら、取り組み始めました。A児とB児のおおまかな会話は、次の通りです。

（ワークシートを前に）
A児「わかんないなあ。」
B児「米とぎの仕事は，したことがある？」
A児「ない。」
B児「じゃ，お風呂掃除とかは？」
A児「ああ，それ，やってる。」
B児「じゃ，それ書けるじゃん。それ書いて。（書いたことを確認した後）お風呂を洗うときってさ，お風呂のこっちがわ（外側）とかも洗わない？」
A児「ああ～，洗うねえ。」
B児「じゃ，それも書けるじゃん。書いて。」

　上記のような会話がしばらく続いた後，書けなくて困っていたA児は，ワークシートいっぱいに，以下のように書くことができました。

　「おふろそうじをがんばっています。そうじきもかけることがあります。おふろのふたも　あらっています。おふろの中も　あらっています。ときどき，かべをあらっています。おふろ（のどうぐ）を　せいりしています。おふろの水もぬいています。そしたら，おかあさんにほめられました。すごくうれしかったです。」

　A児は普段から，書くことを決めるまでに時間がかかる傾向があります。そのため，教師が個別に聞き取りをしながら書くことが多いのですが，このときはB児とのかかわりだけでたくさん書くことができ，満足そうな様子でした。B児は，そんなA児の様子をうれしそうに横で見ながら，自分のワークシートも書き上げることができました。

　また，文章表現が得意なC児は，順調に書き進めていました。C児は，「やった！　おわった！」と言ってワークシートを書き終えた後，近くにいたD児と書いたことについて話を始めました。D児の書いたワークシートを読む姿も見られ，「ああ，そうだよね。ぼくもこれ，やっている」などと情

報を共有する様子がありました。

　C児は自分の家での仕事について，１例のみワークシートに記述していたのですが，このD児とのかかわりの後，D児はさらに自分が働いていることを３例書き足し，ワークシートをより充実した内容にすることができました。

　教師はこれらの様子を確認しながら，「Bさんは，自分のを書きながら教えてあげているんだね」「Cさんは友達と話したら，もっと詳しく書けたんだね」など，プラスに機能している行為を全体にも伝わるように評価していきます。これにより，子ども同士のかかわりが，より活性化していきます。

 子どもたちの成果

・友達から助言してもらったり，書いたものを読み合ったりする中で，イメージが描きやすくなったり，ヒントを得たりして，一人で書くよりも多様な内容を書くことができます。
・互いにかかわり合う中で，友達から「（あなたは）こんな仕事もしているよね」「すごいね」「自分も同じことをやっているよ」などと声をかけてもらえることで，自分自身を見つめなおすきっかけにもなり，友達に共感したり，自己肯定感を高めたりすることにつながります。

授業をふりかえって

・教師の方でペア学習の相手を決めることなく，相談したい場合は相手を自分で選択することができます。一人で書き出せず困っている子にとっては，自分が一番聞きやすい友達に聞くことができるので，安心して学習を進めることができます。
・時間内は自由に交流ができるため，複数の友達とかかわる機会があり，多様な考えに触れることができます。自力でどんどん表現できる子も，一人ではなかなか進められない子も，いろいろな考えを交流させることで友達と自分の相違点を比べながら，自分のことをさらに振り返り，働くことのよさにより気付くことができました。

- 一般的な流れでは，最後に「まとめ」の時間をとり，数名の子どもたちが書いたものを発表，共有して終わることが多いと思います。『学び合い』の道徳では，子どもたちがかかわる中で，同時に多様な考えが共有されていくので，「まとめ」の時間が比較的少なくて済み，考える場面の時間をより確保することができます。
- 本時では「クラスのみんな」が本時のめあてを達成するために自分ができることを考え，なかなか書けない子に助言したり，他の友達の書いたものを参考にして自分のワークシートに付け足したりと，能動的に行動しようとする姿が多く見られました。それらの姿を取り上げて授業中に随時評価することにより，一層，本時のねらいに迫ることができたように感じました。『学び合い』の授業では，教材の内容にかかわらず，学級というチームで主体的・恊働的に課題を解決していく中で「どのように他者とかかわり，よりよく生きていくか」ということに迫ることができます。

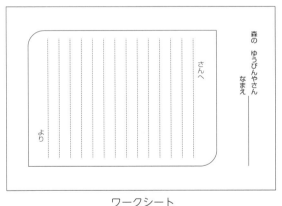

ワークシート

（小島　章子）

中学年

1 たすけたい！ でも，やくそくも大事 なぜ？ どうして？ クラスみんなで話し合う楽しい道徳！

関連項目：B「人との関わり」―6 親切，思いやり
C「集団や社会との関わり」―11 規則の尊重

クラスのみんなでの本音の話し合いを通して，自分の行動を規定する価値に気付き，多様な価値について考えることができます。

 授業実践への道しるべ

モラルジレンマ（道徳的価値葛藤）資料を使った『学び合い』の授業です。行動を支える価値について話し合わせたいと考えている方にお勧めの実践です。授業は，次の流れで進めます。

(1) **課題提示**

「この時間で学んでほしいこと」を子どもたちにわかるように語ります。

(2) **資料提示**

モラルジレンマ資料を子どもたちに提示します。

(3) **判断**

主人公の葛藤に自分を重ねて判断させ，理由を明らかにさせます。

(4) **話し合い**

判断理由を話し合わせ，自分を深く見つめさせることで子どもたちは，自らの価値に気付きます。時には，友達の言葉で今まで意識しなかった自分に気付かされることもあります。さらに，多くのクラスメイトと話し合うことで，自分以外の多様な価値の存在を知り，より高い価値について考えることもできるのです。

つまり，ここでは，模範的な行動を言い当てるのではなく，行動を支える「心」の部分（価値）を考えることがねらいです。

指導目標

〈B—6 親切, 思いやり〉〈C—11 規則の尊重〉

主人公はどうすべきなのかを判断し, その根拠や理由について話し合うことで, 自分の行動を支える価値や他者の持つ価値に気付く。

 準備するもの

資料「木のぼり」 ワークシート

コールバーグ理論に基づいた「モラルディスカッション」の代表的なジレンマ (「ホーリーのジレンマ」)*1をヒントに内容を改作したものです。

わたしは10才, 木のぼりの大すきな女の子です。近所でも木のぼりが一番じょうずです。

ある日, わたしは, 木のぼりをしていて, えだがおれて, 高い木からおちてしまいました。ぐうぜん, 下の方のえだにひっかかり, けがはありませんでした。でも, これを見ていたお父さんはびっくりして, わたしに「もうこれからは木のぼりはしません」とやくそくさせました。

ある日, わたしは, 友だちに出会いました。そのとき友だちは, 大切にしているぼうしが木の枝に引っかかってとれなくてこまっていました。ここで, 木にのぼってぼうしをとれるのは, わたししかいません。

しかし, わたしはお父さんとのやくそくを思い出しました。

 授業展開モデル（発問・反応）

(1) 課題の提示と説明

課題:「なぜそうすべきなのか。理由をみんなで話し合おう。」

この時間は, お話の「わたし」になったつもりで, どうすべきか判断して, その理由を話し合う時間です。

最初に,「わたし」は,どうするべきなのか,決めてください。次に,なぜそう判断したのかを考えてください。今日は,判断の理由を考えることが大事なので,どちらを選んでも正解はありません。
　また,この時間は,いろいろな人と理由を話し合い,みんなで考えを深め合う時間です。この時間の最後には「ぼく(わたし)ってこんなふうに考えるんだ」とか,「これからは,…を考えて行動したいなあ」とか,自分のことを説明できるようになっていなければいけません。
　そして,話し合いでは,正直に,いろいろな人と話し合ってください。誰かに「なぜ?」って聞かれたら,必ず答えなければいけません。そして,誰一人として,話し合いの置いてきぼりをつくってはいけません。

　ここでは,自分の考えを伝え,誰のどんな考えも聞くこと。より広く,より多くの人と交流するために,誰とどこで話し合ってもよいことを確認しました。そして,自分の本音を語り,誰の意見も頭ごなしに否定せず,丁寧に理由を聞き,自分の考えとの違いや共通点を見出したり,意見の違いを埋めたり,意見を変えたりしてもよいことなどを確認しました。

　最後に,話し合いでは,誰も見捨てず,みんなでお互いの考えが理解できるまで話し合うことを押さえました。

(2) **資料提示**

　資料を配付し,全員で読みました。

(3) **中心発問と判断**

> 　友達を助けるべきですか。約束を守るべきですか。それはなぜですか。どちらにすべきかワークシートに○をつけ,理由を書きましょう。

46

記述された主な理由は以下の通りです。

	助けるべきである	約束を守るべきである
理由	○友達に嫌われたくないから。 ○気分がすっきりするから。 ○いつか自分も助けてもらえる。 ○友達が喜ぶから。 ○友達がかわいそうだから。 ○困っている人は助けるべき。	○父さんに叱られる。怒られる。 ○破ると嫌な気持ちになる。 ○自分のほうが大事。 ○友達より家族が大事。 ○父さんが悲しむ。 ○約束は，守るべきだ。

「嫌われたくない」「叱られる」などは，自分本位のご都合主義的な理由です。また，「気分がすっきりする」や「(約束を) 破ると嫌な気持ちになる」などの考え方もこれに近いのです。一方，「友達が喜ぶ」「父さんが悲しむ」「家族が大事」など，自分以外の相手を思う気持ちを挙げていますが，その場合も相手の範囲は，自分を取り巻く人々に限定されています。この他にも自己犠牲や使命感に根ざした考え方も見られました。さらに，「困っている人は助けるべき」「約束は守るべき」など規範重視で遵法的，倫理的な考え方も見られました。

こうして整理することで，子どもたちの中に低い価値から高い価値まで様々な価値があることがわかります。

(4) **話し合い**

前半は，判断理由について，互いに考えを紹介し合う形で始まりました。判断理由を教師が板書し始めると，数人の子どもたちが集まってきました。

しばらくすると，「長い棒で枝を揺らしてとる」という発言で，帽子の取り方に話題が逸れ始めました。教師の，「なるほど…」とその発想を認めながらも，「そうかあ，それは，約束を守ったということだね。なぜ約束を守ったのかなあ？」というつぶやきで，話題が判断理由へ戻されました。

このように，自由な話し合いでは，話題がねらいから逸れてしまうこともあります。そのときは，子どもたちに直接問いかけて強引に話題を転換するのではなく発言を肯定しつつ，独り言のように，つぶやくように緩やかに促

すと，子どもたちの主体性を損なうことなく効果的に転換されます。

　10分ほど理由を紹介し合ったところで，教師は，黒板周辺の子どもたちに聞こえるように「〔嫌われたくない〕って思っているのは誰かなあ？」とつぶやきました。「わたし」「自分」という子どもたちの声を聞きながら，「自分のことを考えてるのかあ」とやや大きな声で返しました。それをきっかけに，話し合いは「誰のことを考えているのか」に焦点化されました。

　続いて，「〔嫌われたくない〕も〔叱られたくない〕も同じだ！　両方とも自分のことだ！」と気付いた子どもたちが，周囲に向かって説明を始めました。

　さらに，「〔友達がかわいそう〕は友達のことを思ってる！」「〔父さんが悲しむ〕は父さんのこと（を思ってる）！」の発言に反応した子が，「どっちも自分以外のことだ！」と言い出しました。そこで，教師が，「自分以外の周りの人かあ」とつぶやくと，「友達や父さん，家族」の言葉が聞かれたので板書しました。

　やがて，板書された理由について，「自分のため」（赤で括る），「友達やお父さん，家族のため」（黄）に分類し始めました。しかし，この分類の仕方をよく理解できない子どもたちも出てきたので，教師が「みんなにわかるように説明し合おう！」と投げかけると，教室の各所で説明が始まりました。

　さらに，終盤になって「ぼくは，友達じゃなくても困っている人は助ける」という発言で，子どもたちがより高い価値の存在に気付いていきました。そこで，「困っている人のため」（青）という新たな分類を付け加え，板書しました。

　最後に，教師が次のように働きかけ，10分ほど話し合いました。

　黒板で３色で色分けした理由について，自分と違う色の人（〔自分のため〕（赤），〔友達や父，家族のため〕（黄），〔困っている人のため〕（青））を探して，その理由を聞いてみよう。

(5) **振り返り**

> 友達と話し合いをして，どんなことを考えましたか。思ったり，考えたりしたことをワークシートに書きましょう。

子どもたちの成果

話し合いの前半では，互いの理由を紹介し合うだけに留まっていましたが，「自分のため」「友達や父，家族のため」「困っている人のため」という視点に気付くことで，自分たちの行動を規定する考え方や価値に気付いていきました。

そして，友達の考え方に触れ，自分自身を見つめ直すきっかけになりました。

授業をふりかえって

本時の学習は，自分の行動のもととなる「心」の部分に焦点を当て，価値を見つめ直すことと，自分以外にも多様な価値があることがわかり，さらに，より高い価値に接することができればねらいを達成したことになります。

具体的には，振り返りで，次のような感想が書けることが望ましいです。

「わたしが友達を助けると思っていたのは，友達のためと思っていたけど，よく考えると自分のためということがわかった。これからは，困っている人がいたら知らない人でも，その人のことを考えて助けたいと思った。」

（青木　幹昌）

【参考文献】
伊藤啓一編著『道徳教育全書12　統合的道徳教育の創造　現代アメリカの道徳教育に学ぶ』明治図書，1991, P102

中学年

2 あきらめない心（3年）

関連項目：A「自分自身」-5　希望と勇気，努力と強い意志

 授業実践への道しるべ

　中学年の児童には，決められた役割を果たすだけではなく，自分が決めたことを最後までやり遂げようとする強い心を育てることが求められています。本実践では，そのための資料として，野口英世の幼少期の話を用いました。資料をただ読むだけでは，国語のような道徳になったり，児童が人物の生き方や考え方をイメージできなかったりしてしまいがちです。ですが，友達と学び合うことで，一人では気付けなかったことに気付き，今までの学校生活で経験した努力する姿を想起しながら，資料を読むことができるようになります。

指導目標

〈A－5　希望と勇気，努力と強い意志〉
　自分でやろうと決めたことは，粘り強くやり遂げる。

準備するもの

○野口英世の写真（なければ，資料の写真を使用してもよい。）
○ワークシート（児童の人数分）※P55参照
○資料

 授業展開モデル

(1)　「この人を知っていますか？」

　野口英世の写真を提示しながら問うと，多くの児童が「知っています」と答えました。「千円札の人」という認識のようです。しかし，野口英世の功

績について詳しく知っている児童はいませんでした。「この人は，野口英世といいます。この人の何がすごいのかというと…」と言いながら，

あきらめない心

野口英世の肖像

と板書しました。そして，「今日は野口英世のあきらめない心をもとに，君たち自身のあきらめない心について考えましょう」と本時のねらいを示した上で，資料の音読を行いました。その後，場面絵を示しながら，

場面絵

(2) 「この時，お母さんの話を聞いて，清作（英世）はどんなことを考えていたでしょう。清作の気持ちを想像してワークシートの1番に書きましょう。1番に書くんですよ。」

と，本時の1つ目の主発問をしました。その上で，

> 25分間で全員が書けるようにしましょう。自分が書くだけではなく，クラス全員が書けるようにしてくださいね。クラス全員が書けるようにするには，仲良しの人だけではなく，クラス全体を見て，行動しなくてはいけません。
> 先生の力を借りなくても，全員で力を合わせれば，書けます。わからない人は友達の力を借りて，書けた人は友達に力を貸して，全員が書けるようにしましょう。では，始めましょう。

と指示を出しました。ここでは，

　①何をすればよいのかを明確にする。
　②終わりの時間をはっきりさせる。
　③自分が書くだけではなく，全員が書くことがゴールであると強調する。

の3つを意識しました。

その上で，次のような声がけも行いました。

> ★　自分が書いた意見を友達に見せている人がいるよ。すばらしいね。
> ★　友達の意見を参考にしているね。良いことだね。

こういった声がけを繰り返し行うことで，児童は「どんどん友達に教えたり，聞いたりしよう」という意欲を高めていきました。また，初めはすぐ近くの友達に聞く子がほとんどでしたが，1人，遠くの席の友達に質問に行った児童がいたので，すかさず

> いろいろな友達に聞いている人がいるね。すばらしい！

とほめたところ，かかわり合う人数が大きく増えました。
　また，なかなか友達に聞きに行けない児童がいたため，

> ★　A君が良い意見を書いているよ。
> ★　Bさんはみんなとちょっと違った意見を書いているなあ。

と声をかけました。一部の児童ではなく，学級全体に向けて大きな声で話しました。さらに，「学級全員が書けるようにする」という意識を忘れさせないために，

> ★　まだ何も書けていない人が5人いるね。
> ★　残り時間は10分だよ。
> ★　Cさんが，何も書いていない人を見つけてくれたよ。

といった声も，全体に向けてかけていきました。
　最初の段階で自分の力で意見をワークシートに書いていた児童は，学級の16名中5名程度でした。しかし，10分が経過した頃から，その内の3名が積極的に周囲の児童と相談を始め，その後の15分間は学級全体で相談しながら，全員が書き終わるまで熱心に学び合っていました。その結果，
　「このまま毎日学校を休んでいたら，もっといじめられてしまう。」

「左手のやけどに負けないで，がんばろう。」
というように1行程度しか書けなかった児童も，

「このまま学校を休んでいたら，何も変わらない。お母さんの言うとおり，で，そうしなきゃずっと学校休みっぱなしだ。ずっと休んでいたら，もっといじめられちゃうかもしれない。両手を使わなくちゃむずかしい図工や習字や体育の時間もがまんしてがんばろう。そうしたらいじめもへるかもしれないからがんばろう。勉強もしなきゃ頭も悪くなっちゃう。」

「自分にはやらなきゃいけないことがある。いつかてんぼう※なんか言われないぼくになってやる。そのためにべんきょう，スポーツなどをがんばろう！ 悪口やいじめなんかに負けるものか。」
（※「てんぼう」：野口英世がいじめられていた際のあだ名。）
というように，具体的に書けるようになりました。その結果，制限時間までに全員が1番を書き終えることができました。そこで，2つ目の主発問をしました。

(3) 「みんなは，清作のように最後まであきらめないでやり通したことがありますか？ その時に，どんな気持ちでしたか？ 2番のところに書きましょう。これも，全員が書けるようにしましょう。」

このときも自分一人の力で書けた児童は5名程度でしたが，友達が書いていることを見ながら，

「Dさんが体育のことを書いているから，僕は図工の授業のことを書こう」
というように，友達の意見を参考にして書いた子や，友達に

「E君は，マラソン大会のときにがんばっていたんじゃない。」
と勧められて書くことができるようになった子が多くいました。2番は残念ながら1名が途中のまま，時間切れになってしまいました。しかし，あえてそれ以上は時間をとりませんでした。その上で，

(4) 「今日の道徳は，1番は全員が素晴らしい意見を書くことができました。ですが，2番は残念ながらまだ途中の人がいるようです。次は全員が書ける事を期待しています。」

第2章 アクティブ・ラーニングを実現する！『学び合い』道徳授業プラン【中学年】

と話して，授業を終えました。今回，「おまけ」をしてしまうと，次回の授業のときにも「まだ書けていない人がいるけれど，先生がおまけをしてくれるだろう」と考えてしまうからです。

子どもたちの成果

本時における最大の成果は，何も書けなかった子がゼロであったことです。しかも，子どもたちのワークシートを見ると，一人一人が異なる意見を書いていました。本学級は，学び合う授業を継続的に行っているので，「友達の考えを丸写ししては，本当の意味で学び合ったことにはならない」という意識が浸透してきたのでしょう。また，学び合う中で，友達の考えをもとに，新しい考えを持つことができていました。例えば，清作の気持ちを書く場面で，最初は，

「だまっていたら怒られるから，何か言わなくちゃ。」
と書いている児童がいましたが，他の児童から

「ここは，清作のあきらめない心のことを考えて書くんだよ。清作は手をやけどしていてもあきらめなかったでしょう？　そこを書くんだよ。」
と説明を受け，

「次はからかわれても，そんなことは気にしない。学校を休んだらもっとからかわれるかもしれないから，学校に行くことにしよう。」
と書き加えることができました。このように，教師が説明をしなくても，多くの友達とかかわり合う中で，間違いや不足している点に気付くことができました。

授業をふりかえって

(1) 児童が考え，表現することができた

自分の過去の実践を振り返ると，本時のような伝記的な資料を使った授業は，読み取りの活動を重要視しすぎてしまい，国語のような道徳の授業となってしまいがちでした。しかし，『学び合い』の道徳であれば，詳細な読み

取りを行わなくても，読み足りない部分を児童が相互に補い合いながら，自分の考えを書くことができていました。

(2) **本実践を追試するにあたって**

本実践では，子どもたちが話し合う時間を２つの発問で合計35分間確保しました。話し合う時間が短いと，書けない児童が増え，あきらめてしまったり，焦って答えを丸写ししたりする児童が増えることが，過去の経験からわかっています。本実践を追試する場合には，板書や発表の時間を極力排し，話し合う時間をできる限りとるように注意してください。

ただし，「みんなで力を合わせて学び合い，全員が書けるようにすること」は教師が時間をかけて語ることが重要です。ここを省略してしまうと，書けない児童がそのまま放っておかれることになってしまうでしょう。

(3) **ワークシート**

私は，右のようなワークシートを使っています。シンプルな物なので，どのような授業でも使いまわせるのが利点です。場合によっては，１番と２番の主発問を教師が記入した上で印刷してもよいでしょう。

（髙橋　尚幸）

中学年

3 ルールやマナーはなんのため？

関連項目：C「集団や社会との関わり」—11 規則の尊重

　公共の乗り物に乗るときの順序について，社会のルールを扱った資料です。雨の日に，バス停の近くのたばこ屋の軒下でバスを待っていたよし子さんが，バスが見えたので真っ先にバス停に並び，お母さんに無言で引き戻されます。学校や社会，集団生活の中で，みんなが気持ちよく生活していくためにルールやマナーがあるということに気付き，みんなで学び合う授業です。

授業実践への道しるべ

　学校や社会，集団生活をする場にはルールやマナーなどの約束事があります。守らなければならないとわかってはいるものの，ついつい自分たちの楽しさを優先させ，友達や他の人に迷惑をかけることがあります。

　よし子さんの行動や自分の実体験をもとに，みんなが気持ちよく生活するためにルールやマナーがあることに気付き，それを自分たちの生活に生かしていけるような態度を育てていきます。

指導目標

〈C—11　規則の尊重〉

　よし子さんが大つぶの雨をみながら考えたことや，同じような体験をもとに，なぜ学校や社会ではルールやマナーを守ることが大切なのかを考える。

準備するもの

　「雨のバスていりゅう所で」（文部科学省『わたしたちの道徳　小学校3・4年』），ワークシート

授業展開モデル

(・子どもの反応 ●教師の意図や声かけ，クラスの様子)

(1) めあての確認

> 全員が「雨のバスていりゅう所で」を読み，なぜ学校や社会ではルールやマナーを守ることが大切なのかを考え，そう考えた理由を友達が納得できるように説明することができる。

●ルールやマナーを守らなければならないことを知っていると思うが，今日は，「なぜ学校や社会ではルール守ることが大切なのか」を考えてほしいということ，そして，授業の最後には自分の考えを伝えてもらうことを伝えます。考える手立てとして，主人公のよし子さんが考えたことや自分の体験，友達の考えを参考にしてもいいということを知らせました。もう一つ大切な事として，立ち歩いてもいいしだれと話してもいいが，1人の例外もなく全員が自分の考えをもてるようにすること，そして，たくさんの友達と交流し自分の考えをもてたらネームプレートをひっくり返すことを伝えました。

(2) 「では，どうぞ」の合図で『学び合い』スタート（30分）

・子どもたちが自分たちでグループをつくりはじめます。

●友達と一緒に勉強するために動くこと，「一緒にしよう」と誘ったり誘われたりしている行動を大きな声でほめて可視化し，みんなが動きやすい雰囲気をつくります。
「みんなが考えをもつためにだれと一緒に考えてもいいよ。」
「一緒にしようっていい声がけだね。友達を見捨てていない行動だね。」

●一人で勉強している子，グループに入りたくても自分から言い出せない子については，一人で勉強していることも認めます。ただし全員が自分の考えをもつことだけはゆずらないようにします。「一人でしっかり考えているんだね。考えがまとまったり，どうしていいか悩んだりしたら，周りに

はたくさんの友達がいるよ。」
　そして，一人で勉強している子に声をかける友達がいればそのこともほめます。「一人で勉強している○○さんに声をかけた△△さんの行動はいいね。みんなが自分の考えをもつことが大切だからね。」

(3)　最初につくったグループでの交流
●一緒に勉強するグループが決まったら「雨のバスていりゅう所で」を読み始めます。
・まわりの人も先に雨にあたりながら待っていたのに，よし子さんが先に行きたいからって，先頭に行ってしまったんか。
・まわりの人は「何でぬいてんの」ってなるなぁ。
・おれも，並んでるときに小さい子が先に並んできていややった。
・せっかくはやくから並んでるのにそんなんされたらいややなぁ。
●教材文をもとによし子さんの行動や周りの人の思いを考え始めたので，机間巡視をしながら子どもたちの会話に耳を傾けます。教師が「その考えいいな」と思ったことは大きな声でつぶやきます。
　「周りの人の気持ちを考えるっていいところに気付いているね。」
　「自分の体験から考えるのもいいね。」

(4)　自然に最初のグループを超えた交流が始まる
●子どものいい考えを大きな声でつぶやいていると，他のグループからその考えを聞こうとする子どもが出てきたり，ネームプレートをひっくり返した友達の所に聞きに行く子が出てきたりするので，すかさずほめます。
　「他のグループの考えを参考にするために自分から動いていくのはいいことだね。」「たくさんの意見をきくことで自分の考えも深めることができるね。」「聞きに来た友達にていねいに教えているね。やさしく教えてもらうとうれしいよね。」
●子どもたち自身が気付くために教えることはしませんが，子どもたちの話の中から気になることは質問してみます。
　「なんで人に迷惑かけたらあかんの？」「ケガせんかったらルールって守ら

なくてもいいの？」
- まわりの人が雨やからせっかく早くバスにのるために早起きとかして並んどいたのに，ぬかされると心に傷がつきます。
- ぬかされたらいやな気持ちになる。
- ひとに迷惑かけたら自分のほうにもかえってくる。
- ケガせんでも，相手がいやな思いをしたらあかん。
- 自分がよくても相手がこまるから，自分も人にいやなことはしない。
- 自分のことばかり考えたらあかん。
- 自分のことばっかりやったら友だちなくなる。

●時間とともにネームプレートをひっくり返した子が増え，まだ考えをもてていない子の所に集まるようになります。もし，一人の周りに何人も集まり，することのない子が周りで遊び始めた場合，遊んでいる子には注目せず，友達のために一生懸命努力している子の行動をほめます。
「最後の一人が考えをもてるように，一緒に考えてあげているのはいいことだね。」

(5) 自分の考えをワークシートに記入（5分）

●ネームプレートがひっくり返っていなくても考えを書きます。たくさんの話を聞いているので，全く書けないということの方が少ないです。

(6) 最後の語り（5分）

●全員が考えをもてるようになるために，よかったと思う行動をほめます。
「今日のみんなの様子をみてよかったなと思うことは，一人でうろうろしていた〇〇さんに△△さんが優しく声をかけたり，『考えをきかせて』と積極的に友達に聞きに行ったり，『〜のときどう思う？』と悩んでいる友達が考えやすいようにアドバイスをしたりと，みんなが自分の考えをもてるように全力を出している姿がたくさんありました。」
「今日，みんなで考えたことをこれからの学校生活に生かしてルールやマナーを守ろうとすることを期待しています。」

●もし，全員が考えをもてていない（ネームプレートが全員ひっくり返って

いない）場合は，よかった行動をほめた後に，次回どうしたらいいかを問いかけ，次に期待します。

「ただ，時間内に全員が自分の考えをもてませんでした。みんなのために全力をだしている姿はいっぱいあったのにどうしてかな？　みんなが考えをもてるようにするにはどうしたらよかったのかな？　君たちなら必ずできるはずですので，次回期待しています。」

 子どもたちの成果（ワークシートより）

・ルールやマナーを大切にしたら人を傷つけないし，みんな幸せになる。
・人に迷惑をかけるとケガやケンカをしてしまうからルールを守るのが大切。みんなが公平になるため。
・人に迷惑をかけないため。自分がよくても他の人の心にキズがついたらいけない。
・この国は自分だけじゃないからみんな公平にしたら，みんな同じうれしさになるから。
・人を傷つけてケンカにならないため。すべてが自分の物じゃないから人のことなども考えなければならない。

 授業をふりかえって

(1) **『学び合い』で実践してよかったこと**
○自分たちでグループを考えるので，話しやすい友達同士になり，交流がさかんでした。
○休憩時間に友達同士でしゃべっているような雰囲気で授業が進むので，自分の考えがなかなかもてない子も，友達の話を聞いて納得し，自分なりの考えを書くことができました。
○子どもたちに任せても，教材文のよし子さんの行動や周りの人の思いをもとにして考えることができていました。
○自分たちの身近なことに置き換えて考えていました（ブランコの順番な

ど)。
○30分間は交流,最後の5分間で考えを書くというように時間を分けたので,交流のときはひたすら話をし,書くときは集中して書き,一つのことに専念できました。
○考えを書きながらの交流ではないので誰かのワークシートを写すこともなく,考えが同じでも自分の言葉で表すことができました。

(2) 成功するためのポイント

○この授業で子どもたちに一番わかってもらいたいことをめあてにすること。
○教師の発問を中心として授業をすすめた場合とほとんど変わらない内容のことを自分たちで見つけて話をしていたので,子どもたちに任せても大丈夫だと思うこと。
○気になる行動(遊ぶ,違う話をしている)などがあっても気にしないこと。それよりも,みんなのために努力している姿に注目してそのときにたくさんほめること。

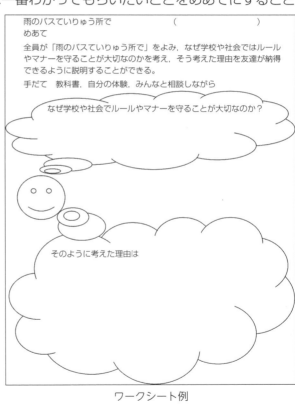

ワークシート例

(橋本 和幸)

高学年

1 口に出さない

関連項目：A「自分自身」−2　正直・誠実

悪口はよくないことって誰でも知っている

　高学年にもなれば，悪口がよくないことは十分にわかっています。でも悪口は日常で聞かれます。かといって，「悪口はよくない」というお題目のような授業をしても効果は薄いでしょう。大切にしたいのは，本音，つまり悪口を言ってしまう気持ちや弱さを自分事として認めた上で，でも悪口はやっぱりよくないことだと実感することだと思います。紹介する実践では，つい悪口を言ってしまう小学4年生の女の子を登場させます。授業を通して，この子に何を伝えたらよいのかを考えます。「人前では悪口を言ったことがない」という元プロ野球選手の松井秀喜さんのエピソード，俳優であるイッセー尾形さんの「人間は言葉でできている」という言葉を紹介しながら，子ども同士の交流を取り入れ，子どもたちに本音を出させながら考えを深めさせていきます。

 授業実践への道しるべ

　「悪口はいけないことだと思いますか？」と聞けば，おそらく全員が「いけない」と言うでしょう。しかし，現実には子どもの社会だけでなく，大人の社会でも悪口はあふれています。「悪口はいけない」という知識が「悪口を言わない」という行動にはつながっていない状態です。そこを打破し，どうすればこれまでよりも一層「悪口は言わないようにしよう」「悪口は言いたくないな」という心情を高められるのかを考えました。

　そこで，子どもたちの本時の課題として，「悪口を言ってしまう年下の女の子に何を伝えるか，200字程度で相手が納得するような文章を書く」を設定しました。共感できるであろう年下の女の子を諭す文章を書くのです。

それは,相手が納得することを期待する文章です。相手に納得してもらうには,自分自身がまず納得することが大切です。そのために,悪口を人前で言ったことのない松井さんのエピソード,イッセー尾形さんの「人は言葉でできている」という言葉を紹介し,考えが深められるようにしました。そして,子どもたち一人一人の考えがさらに深まり,確かなものになるように,クラスにいる多くの子と交流をする場を設定し,授業をつくりました。

指導目標

〈A―2　正直,誠実〉

悪口を言ってしまう年下の女の子へ自分の思いを伝える文章を考え,書くことを通して,悪口を口にしないようにしたいという心情を高める。

準備するもの

○提示資料(印刷物だけでもよいですが今回は大型テレビにも映しました)
○資料(教師の朗読用)　○メモ用紙　○原稿用紙

授業展開モデル

『学び合い』について,子どもたちにまず,以下のようなことを語りました。

> 　教室にはいろいろな子がいます。勉強が得意な子,苦手な子,意見を言うのが好きな子,嫌いな子,話す方が好きな子,話を聞く方が好きな子などなど。教室だけでなく,社会に出てからも同じです。そしてどの子も,教室で一緒に学びます。道徳の授業ではいろいろな考えが出ます。なかには,自分の考えをうまく出せない子もいるかもしれません。どんな子がいたとしても,全員が課題をしっかりと達成できるように一人一人ができることをしっかりやることがみんなの学びにつながります。いろいろな人がいて,いろいろな考え方があるとわかるだけでも,道徳の授業としては価値があります。

(1) **課題提示**

まず課題を提示し，この授業全体を通して，どのようなねらいをもって全員が活動するのかを示します。

> **今日の課題**
> 小学4年生の女の子には，仲の良い友達グループがあります。その子は，クラスの女の子Aさんが気に入りません。ですので，そのAさんの気に入らない言動や行動を見ると，そのあとグループの子にAさんの悪口を言っています。
> さて，その女の子にあなたなら何を伝えますか？実際には悪口を言ってしまう女の子の気持ちもわかる人がいると思います。そういう人の気持ちや考えもふまえながら，相手が納得するような文章を200字程度で全員が書けるようにしましょう。

(2) **「悪口を言っている女の子の気持ちがわかりますか？」**

メモ用紙（罫線だけのプリント）に立場をはっきりさせ，短い言葉で理由を書かせました。そして，まずは5分間『学び合い』です。席を離れることも認めます。だからこそ，いろいろな子と交流が始まります。

「どう思う？」「気持ちわかるよ」「どうして？」「だって，自分もそういうときあるから」「そうだよね」「〇〇さんは？」「わたしもわかるかな」「だって，嫌いなら仕方ないと思う」というような会話が聞こえてきました。実際，全員がその女の子の気持ちが「わかる」でした。まさに本音だと思います。悪いことだとわかっているけれど，でも仕方ないという捉え方をしていることもわかりました。これらの本音は『学び合い』での会話だからこそ，自然と出てきやすいのだと思います。

> ○ 特定の子としか交流しない
> ○ ひとりぼっちの子がいる
> ①全員が課題達成をするために自分に何ができるか意識させること
> ②具体的な条件を示すこと
>
> 「男女含めて3人以上と交流すること」「今日まだ話をしていない子を含め4人以上」などの条件をつけると自然と交流することになります。
>
> その時間が終わった後に確認し，できていなければ「どうすればできる？」と声をかけ続けると，数回のうちにできるようになります。

『学び合い』のポイント

(3) **「この人は誰だか知っていますか？」**

大型テレビで松井さんの写真を掲示しました。野球をやっている子がすぐに，「松井秀喜だ！」とうれしそうに声を上げます。その後，どんな人か知っている？　と投げかけました。

・ジャイアンツ　・プロ野球選手　・エンゼルスにいた　・メジャーリーグ
など，まさに松井さんの実績が挙がりました。

(4) 人前で悪口を言ったことがない

　松井さんのプロ野球選手としてのすごさを共有した後に，もっとすごいことが本に書いてあったと「人前で悪口を言ったことがない」というエピソードを示しました。このときは実際に本の一部を読み上げましたが，キーワードを挙げると「一度も人前で悪口を言ったことがないこと」「父と約束したこと」「悪口を言いたいことは，実は山ほどあること」などです。

　子どもたちからは「えっ」という反応や「嘘だ」という声が聞こえてきました。

　「本当だと思う？」と聞くと，「嘘に決まっている」「それは無理でしょ」という反応が返ってきました。

(5) どうして，人前で悪口を言わずにいられたのだろう

　松井さんのエピソードを朗読しました。キーワードとしては，「一つのルールとして，安易に口を出さないと決めていること」「言葉として出すと，気持ちがエ

> ○　『学び合い』をしているとき担任は何しているの？
> ①全体を見渡しています。
> 　個々ではいろいろなことを話しています。担任は全員の会話を聞くことはできません。しかし，全体を見渡すと真剣にやれているかは不思議とわかります。
> ②全体の様子を伝えます。
> 　もし，遊んでしまっている子がいた場合も，その子ではなく全体へ伝えます。それは，学級の一人一人がつくり上げていくことが大切だからです。よさも伝えます。
> ③子ども同士をつなげます。
> 　慣れていない頃は，上記の2つをしてもうまくいかないこともあります。その場合は，担任が橋渡しをします。例えば，どうしても交流できない場合などです。声をかけ，その子に聞き，一緒に友達のところへ行きます。数回繰り返すと，その子も安心して自分から行けるようになっていきます。

スカレートしてしまう気がすること」「口に出すか出さないかは自分で決められること」です。その後,『学び合い』の時間を7分程度とりました。「約束したからじゃない？」「プロ野球選手になろうとしたからかな？」など,それぞれ前回とは違った相手と交流していました。

(6) どうして,人前で悪口を言わないことを続けることができたのだろう

どうして悪口を言わないのかを考えるのには限界があると思い,松井さんの根底に流れる考え方を示しました。その後,引き続き（7）へとつなげました。

(7) 「人間は言葉でできている」って,どういうことなのだろう

エピソードの朗読後すぐに,俳優であるイッセー尾形さんの「人間は〇〇でできている」という言葉を提示し,子どもたちに空欄〇〇に何が入るかを問いかけました。子どもたちが

・食べ物　　・悪口　　・血液　　・言葉

などと答えたので,「人間は言葉でできている」と大型テレビで掲示しました。

(8) 2人のエピソードや言葉の考えにある共通点を探してみよう

今日の課題に向けて最後の『学び合い』の時間を10分とりました。自分の考えを友達に伝えたり,友達から伝えられたりしながら,自分自身の考えを整理していきました。ある男の子は,友達と会話をしている最中に閃いたようで,「わかった。人は言葉でできているってのは,どんな言葉を使うかで人というものができているってことだ。だから,悪口を言うことはまさにそういう人間になっていくことで,よい言葉を使うということは,そういう言葉で満たされた人間になっていくんだ」と友達に一生懸命に話をしていました。これまでのエピソードや言葉等をもう一度自分の中に落とし込んでいることがわかります。

(9) その女の子に伝える文章を書こう

200字程度という中で,これまでのメモ用紙やエピソード,言葉を思い出しながら,言葉を選び,一生懸命に文章にしていました。

> ぼくは,あなたのように気に入らない子がいます。悪口も言ったこともあります。でもいくらいっぱい言ってもすっきりしないし,誰も得をしません。松井秀喜選手を知っていますか。その人は,ぼくはとてつもなく心のきれいな人だと思います。「1度も悪口を人前で言っていない」そうです。うそではありません。悪口を言うとくせになると思います。くせになれば言う機会が増え,誰からも信用されなくなり悪の心に近づいてしまいます。そうならないようにいつもきれいな誠の心をもってください。

> ぼくは,あなたの気持ちもよくわかりますが,悪口は言わない方がいいと思います。理由は相手から自分に悪口を言われたときの気持ちを考えてみてください。その気持ちがわかっているのなら,悪口は言わないはずです。さらにある人はこう言っています。「人は言葉でできている。」この言葉の意味は,言葉一つ,悪口一つで人はよいようにも,悪いようにも変わるということだとぼくは思います。なので,これからは悪口をひかえめにすべきだと思います。

　子どもたちが書いた女の子への文章には,悪口を言ってしまう女の子に共感したこと,子ども自身も同じような経験があることが書かれています。その上で,でも悪口はよくない,やめた方がよいということがそれぞれの言葉で書かれています。ここに載せることができなかった子どもたちもしっかりと自分の考えをもち,文章を書いていました。

子どもたちの成果

- 実際に,自分もやったことがあるから考えることは簡単だと思ったけれど,考えれば考えるほど難しかったです。改めて,悪口がいけないと気づかされました。
- この授業で,悪い一言で人がどれだけ傷つくか,自分にも嫌なことにな

るからやめた方がいいと改めて思いました。これからは，絶対に言わないというのは難しいけれど，少しずつなくしていこうと思います。
- 挙手制ではなく，交流でやるので，自分の意見を堂々と発表することができるところがよいです。質問をして，友達の意見を深く知ることができました。
- 有名な人の言ったことなどが書いてあったり，友達と楽しく自分の意見を言ったりすることを道徳でやって，今までよりもとても楽しく中学校でもやりたいと思いました。
- 交流で考えが違う人，同じ人などたくさんの人と交流して考えが変わるときもあったのでびっくりしました。
- A君やT君など，いろいろな気持ちの人に対して，いろいろな人から学んだ考えを自分なりに伝えることができました。
- 道徳は好きではありませんでした。いつも道徳の教科書を読んで，みんなで意見を出し合うばかりでした。でも，6年生になって道徳の時間がとても楽しくなりました。
- 発言のときは，1人目の人に影響されて，同じ意見ばかりになってしまっていたけれど，交流だと，自分の正直なことが相手に伝えられる（伝えてもらえる）のでとてもやりやすかったです。

　授業の感想でも，自分自身のことを挙げている子が多くいました。また，授業を通して子ども自身が納得し，それが「改めて，悪口がいけないことと気づかされた」などの感想につながったのだと思います。

 授業をふりかえって

　これらの感想がどうして書けるのでしょうか？　それは，授業中，最初から最後まで常に真剣だからです。では，どうして真剣にやれるのでしょうか。それは，常に全員が参加しているからです。例えば，交流中，一人になっていた子がいたとしても「〇〇ちゃん，やろう」という声が聞こえたり，相手

の考えに対して「どうして」「なんで」という会話が聞かれ，納得できなければ再度聞き返したりしていました。子どもたち同士で課題に向かって考えているのです。この授業では挙手をしての発言はありませんでした。つぶやきを拾って進めるところのほかは，子どもたち同士の会話です。常に相手がいます。頭はフル回転です。『学び合い』で，自由に移動し，会話を重ねることができるからこそ，安心して多様な考えを伝え，受け取る中で，自分自身の考えを深めることができたのだと思います。

　後日談ではありますが，この授業をした１，２週間後，数人の女の子が最近悪口を言わなくなったという話をしてくれました。また，本人ではなく，友達が悪口を言わなくなったということも聞きました。言おうとしたときに，ふと授業のことを思い出したそうです。もちろん，一時的なことなのかもしれません。しかし，子どもたちが真剣に考え，そして自分自身と向き合いながら考えたからこそ，心に残り，よりよい行動をしていきたいという気持ちにもなったのだろうと思っています。

（坂口　　肇）

高学年

2 世界家族〜幸せなくらしってなんだろう〜（6年）

関連項目：C「集団や社会との関わり」—18　国際理解，国際親善
　　　　　D「生命や自然，崇高なものとの関わり」—22　よりよく生きる喜び

　今回紹介する授業は「幸せなくらし」に対して均一な価値観をもっている子どもたちに対して，風土，文化，宗教など様々な面で異なる環境の中で生活しているいくつかの国の写真を見せ，それぞれの国の「普通のくらし」と「私たちの国，日本の普通のくらし」との共通点や相違点をポスターにまとめて，それらをもとに「どちらのくらしが幸せそうか」について考え発表する授業です。子どもたちは，ポスターを作成する過程で，今までもっていた価値観に揺さぶりをかけられ「普通のくらし」とはどんなものなのかわからなくなります。そして自分たちのくらしこそ「幸せなくらし」だと思っていたのに，「幸せなくらし」の形が1つだけではない事に気付きます。

ポイント

「自分と異なる文化をもつ他者の存在を知ると同時に，その存在を認める態度を育てること」

指導目標

〈C—18　国際理解，国際親善〉
　他国の人々や文化を大切にする心をもち，日本人としての自覚をもって世界の人々と親善に努めること。

〈D—22　よりよく生きる喜び〉
　よりよく生きようとする人間の強さや気高さを理解し，人間として生きる喜びを感じること。

準備するもの

『地球家族　世界30か国のふつうの暮らし』TOTO出版

授業展開モデル（発問・反応）

(1) 幸せなくらし

授業の最初にいきなり，「みんなが考えている『よいくらし』ってどんなもの？」と問いかけます。すると次のような答えが返ってきました。

「お金がいっぱいあるくらし」「欲しいものがなんでも手に入るくらし」「豪邸に住めるくらし」「高級な車を買えるくらし」「家政婦がたくさんいるくらし」など，子どもが思いつく「贅沢なくらし」がどんどん出てきます。

勉強が苦手でいつも宿題で苦労している子どもが「宿題が無くって遊べるくらし」と発言すると，クラスから笑い声が上がりました。この発言をきっかけに，次は自分の「願い事がかなうくらし」が挙がり始めます。ディズニーが大好きな子どもからは「ディズニーランドに毎日行けるくらし」，食いしん坊の男の子からは「美味しいものをたくさん食べられるくらし」，インフルエンザで1週間休んでいた子どもは「風邪をひかないでいられるくらし」といった感じです。とどめを刺したのはいつものクラスのリーダーでした。「結局は，お金がたくさんあるってことだよね」。クラスのみんなはうなずいたきり，その後，活発に意見が出なくなりました。

私は「ここにいる全員にとっての『幸せなくらし』ってみんな同じで『贅沢ができて，願い事がかなうくらし』なんだ？」と問うと，子どもたちは小さくうなずきました。

そこで，私は『地球家族』という一冊の本を取り出して，子どもたちに紹介しました。

(2) 「ちがうね」

「世界家族」という30カ国の平均的な「普通のくらし」をしている家族に，家財道具の一切を自宅の前に並べてもらい，家族そろって，そのすべて

を撮影した写真とその解説で構成されている本があります。その本からは，国によって実に様々な「普通のくらし」をしていることが見えてきます。

　私は，日頃から自分と異なる考えの友達と折り合いをつけながら共により よいものを目指す『学び合い』の考え方による学級経営をしてきました。その中で前提として大切にしていることに，お互いに違うことを認め合うことがあります。そういったことを考えながら生活する中で出会ったこの本で授業をすることができるのではないか，と直感的に思いました。

　当然のことながら30カ国の普通の人々の暮らしはあまりに違うのです。日本のように，住宅密集地に所狭しと家財道具が並べられその中に家族が固い表情で写っている写真もあれば，タイの農村で家畜と必要最小限の家財道具を並べて幸せそうな表情でカメラに向かう家族の写真もあります。そして，それぞれが一日一日，普通の生活を営み，様々な出来事の中で喜んだり悲しんだり，笑ったり怒ったりしているのです。カメラマンを迎え，家の前に家財道具の一切を並べることができるということは，明日の生活に困っている人々ではないことは明らかです。つまり，普通の生活を送れる幸せな家族なのです。

　先ほど，「幸せなくらし」を考えた子どもたちにこの本のことを説明し，そこから選んだ，特に違いが際立つ写真を数枚，ゆっくりと黒板に張り出して見せていきます。一枚一枚，子どもたちがコメントできるようにできるだけゆっくりと「どこの国の家族の写真かな？」と言いながら写真を示します。写真を示す度に子どもたちは次々に「インド」「中国」「ベトナム」など国の名前を挙げます。おそらくアジアの国だろう，という予想は立てながらもどこの国なのかわかりません。子どもたちの関心は，写真に写っているのはどの国の家族か，ということに向いていきます。

　そんなことを繰り返しているうちに黒板には10枚ほどの写真が貼られています。そして「この写真の国の家族の普通のくらしと自分たちのくらしの似ているところと違うところを見つけて，そこからどんなことを考えたのかをグループごとにポスターにまとめてください。次の時間に，ポスターセッ

ションを行います。グループは同じ写真を選んだ友達とつくってください」と投げかけます。その日の授業では，あとは，子どもたちの様子をじっくりと観察するだけです。

クウェートの家族の写真を選んだ子どもたちは，高級外車の多さやソファの数とその長さに驚きます。召使いがいることにも驚きの声が上がります。家族もたくさんいます。家財道具はとても立派です。

子どもたちは，よく知らない国なのに自分たちよりもお金持ちの生活をしている国があることを知り，驚きます。

同じようにエチオピアの家族の写真を選んだ子どもたちは，たくさんの子どもたちと動物がいることに気づきます。家はとても簡単なつくりです。電気を使う家財道具は見当たりません。

やがて，発表している中に「全然違う」という言葉がちらほらと聞かれるようになります。

そして，自分たちのくらしと比べるために日本の写真を見て，あまりの家財道具の多さに，驚くというより笑ってしまう子どもたちが見られます。「うちも，これくらい物がありそうだ」

選んだ写真の国の「普通のくらし」と私たちの国，日本の「普通のくらし」があまりに違うことについて，子どもたちは大して驚きません。きっと想定の範囲内の事なのでしょう。子どもによっては，むしろ自分たちの「普通のくらし」が物であふれて豊かだということを改めて確認し安心している様子すら見られます。

しかし，次の段階のどっちの国のくらしの方が「幸せなくらし」なのかを考え始める頃になるとあちらこちらからさかんに議論する声が聞こえたり，他のグループの様子を探りに立ち歩き始めたりする子どもたちが見られるようになります。

「物が無くても幸せそうだよ」「みんな笑っているよ」「日本の生活の方がいろいろあるけれど，狭い家で窮屈そう。これって幸せなのかな？」「どっちが幸せなのかわからなくなってきた」。とうとう自分たちの生活が幸せな

のか,わからなくなる子どもたちまで現れてきます。

(3) 「どっちでもいいんだ」

　他のグループの様子を見に立ち歩いた子どもが友達の議論の様子を聞いていて突然,「どっちでもいいんだ」とつぶやきました。思わず私も「どっちでもいいんだ？」と聞き返してしまいました。「だって,先生,どちらかだけが幸せって決めるのは無理だよ」「どちらにも良いところと悪いところがあるから」「やっぱり,決められないよね」。せきを切ったように声が上がります。そしてすっと自分たちのグループの場所に戻り,静かにまとめに取りかかりました。

　ポスター発表の場面では,子どもたちは選んだ写真の中に写っている「普通のくらし」と自分にとっての「普通のくらし」との似ているところや違うところを発表しました。

　その後のまとめのコメントで「どっちが『幸せなくらし』かわからない。なぜならば,同じ写真を見ても,ぼくは,自分たちのくらしの方が幸せかな,と思ったけれど,友達は違う方が幸せと言った。人によって幸せの感じ方は違うんだな,と思いました」と言った子どもの発言が印象的でした。

　発表に対しても,「ちょっとしか物がなくてかわいそうと思ったけれど,実は物が無くても幸せに感じることもあるんだと思った」とか,「こんなに持っているものが少ないのに仏様は大切に持っていることに驚いた。でも,仏様が近くにいるとほっとするのかな？」といったように実に様々でした。

子どもたちの成果

　今回の授業で子どもたちは,「物が豊かでなくても楽しそう」「大切にしているものが違う」など,大人が考えていることをいとも簡単に感じることができました。そして,今までの価値をゆさぶられ「何が『幸せな暮らし』なのかわからなくなった」と発言します。子どもたちは,教師がごちゃごちゃ言わなくても,世界には自分と違う価値観をもって生活している人々がいることを感じ,それぞれに異なる豊かさがあることを感じます。

授業をふりかえって

　今回の授業の特徴は，1時間目の教師の仕事は本と写真の紹介をした後に「この写真の家族の普通のくらしと自分たちのくらしの似ているところと違うところを見つけて，そこからどんなことを考えたのか，考えをまとめてポスターをつくること。そして，それぞれのポスターを使って発表を行います」と話すことと，2時間目に「それぞれまとめたポスターを紹介しましょう。聞き手は質問があったら聞いてください。最後に感想を発表してもらいます」と話して，授業の終末になったら発表させるだけです。

　また，グループは教師が決めるのではなく，選んだ写真ごとにグループを組みました。全員がしっかりと参加する事を伝えてあるので7名集まったグループは自発的に3名と4名に分かれていました。子どもたちは，学習に応じて適切な人数を考える事ができるのです。

　教師の役割は，教師のもっている落とし所に子どもを誘導することではありません。学習の場を用意して，問いを伝えたら，教師はただただ子どもたちのやりとりに耳を傾けていればいいのです。

　そうすることで，子どもたちは教師の誘導を待つことなく，自発的に問いに対する答えを考えようとします。教師の顔色をうかがいながら教師の期待に沿った発言をしようとしなくなります。このことは，道徳の授業では大切にすべき点だと考えます。

　『学び合い』の考え方による授業でこそ，子どもたちの忌憚のない本音による意見をたくさん聞くことができました。これにより道徳の時間が深まることを期待しています。

（市川　寛）

高学年

3 子どもが先生に！ 子どもたちとともに創る授業（6年）

関連項目：C「集団や社会との関わり」—14 勤労・公共の精神

　本実践は，子どもたち同士のかかわりを大切にし，子どもたちが主体的に授業展開をしていく取り組みです。子どもたちが自ら授業の展開を考え，実践していくのです。教師はそれをサポートしていきます。本来学習者である子どもたちが指導者になる実践です。

 授業実践への道しるべ

　学級には様々な子どもがいます。みんなでワイワイすることが好きな子や一人で静かにすることが好きな子。積極的に意見を言う子や友達の意見を静かに聞いている子。そのような子どもたちがお互いのことを有用に感じ，かかわり合うことのよさを実感できるようにします。

(1) **子どもたちが自ら授業実践することを通して道徳性を養う**

　様々な人と協調性をもち，生活していくことは重要です。人々がお互いに協力し合い，よりよい社会を創ることは社会に生きる一員として，とても大切なことだと思います。

　子どもたち同士で授業を創り上げていき，特に授業を進めていく子どもにはリーダーとしての自覚をもたせることもできます。

(2) **授業に取り組むにあたって**

　まず，子どもたちにかかわり合うことのよさを語ります。

①自分だけで物事を解決するよりも仲間と一緒にした方がよりよい結果になる。

②自分でできないことでも友達はできるかもしれないので，友達に相談するとよい結果になる。

③学校はみんながかかわり合いながら様々なことを解決するところ。

先の内容を語り，みんなが幸せになろうと話します。

① **自分だけで物事を解決するよりも仲間と一緒にした方がよりよい結果になる。**

自分だけの考えで解決しようとすると，どうしても偏った考え方になりがちです。さらに，解決方法もマンネリ化してしまいます。自分ではよいと思った解決策でも，試してみると案外たいしたことないなあと思うこともあります。

自分の考えをよりよいものとしていくために，仲間に相談してアドバイスをもらう。しかし，ただアドバイスをもらうだけではありません。仲間とディスカッションし，よりよいものとしていくのです。ここで練り上げた考えは自分だけで考えたものより，よいものとなっているのです。

② **自分でできないことでも友達はできるかもしれないので，友達に相談するとよい結果になる。**

自分でできることには限界があります。何から何まで自分でできるとは限りません。では，自分だけで解決することが難しい時，どうすればよいでしょうか。答えは簡単です。人に聞いてみるのが一番です。これは誰でも経験のあることだと思います。

つまり，自分にとって有用な情報をもっている人から情報をもらうことができれば，解決することができるのです。

③ **学校はみんながかかわり合いながら様々なことを解決するところ。**

解決策を相談する仲間は1人より，複数がよいです。話が一方的にならなくてすむからです。みんなでワイワイ話し合いながら，みんなが納得できるような案を探っていくのです。様々な考えの人とかかわり合うことで，自分自身も向上することができます。さらに，仲間を増やしていくとより強力になります。考え方の質も上がります。複数の仲間がいると，話が安易な方向には流れません。安易な方向に流れそうになると，必ず指摘してくれる仲間

がいます。その前に，安易な考えは出さない（出ない）はずです。つまり，お互いが納得できる考えを導き出すように，自分の意見を述べるはずです。

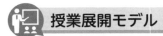 **授業展開モデル**

本実践は『道徳6 明日をめざして』（東京書籍）を活用した取り組みです。
(1) **対象**：6年生
(2) **主題**：みんなに奉仕する心 「うちら"ネコの手"ボランティア」
(3) **内容**：C—14 勤労，公共の精神
(4) **準備**：子どもとの打ち合わせ（教材研究）
　○先生になる子どもを募る。（司会と書記で2名の場合が多い）
　○先生になる子どもと一緒に教師用指導書を見ながら教材研究をする。
　○主な発問については，教師用指導書に記載されているものを採用する。
　○ボランティア活動で大切なものは何か話し合う。
　○自分たちにできることは何か考える。
　○板書計画を立てる。
(5) **授業**
　○指導者：打ち合わせをした子ども
　○展開：事前に打ち合わせた通り
【導入】
　グループになり，自分たちが今までに取り組んだことのあるボランティアについて話し合うことで，ボランティアについて考えました。
　　○トイレのスリッパが乱れていたときに，次の人のことを考えて，きちんとそろえた。
　　○1年生の朝の準備のお手伝いに行って，カバンの準備や着替えを手伝った。準備が終わったら，読み語りをした。
【展開】
　「うちら"ネコの手"ボランティア」を通して，自分たちの活動を振り返り，活動の様子やそのときの思いなどを話し合いました。

① 「うちら"ネコの手"ボランティア」を読み，話し合う。
　○自分たちだったら，同様な活動ができたか。
　○他にも何かできることがあるか。
　○どのような思いで活動に取り組んでいるか。
② 自分たちが取り組んだ活動について考え，話し合う。
　○どのような思いで活動に取り組んでいたのか。
　○活動した後の気持ちはどうだったか。
　○もし，自分たちがその活動をしていなかったとしたら，どのようになっていたと思うか。

【終末】
　よりよい社会を創る一員として，自分たちにできることは何かを考え，グループで話し合いました。
　○社会に生きる一員として，大切なことは何か。
　○みんなが幸せになるために，自分たちができることは何か。
　自分たちの学校生活を見直し，みんなが幸せに生活するための身近にある課題は何か，具体的な取組例を考え，話し合います。話し合う中で，自分たちの生活をよりよくしていくために，様々な人がかかわり，支え合っていることに気付くようにしたいものです。そして，実践できそうな案については，実際に取り組んでいきます。一人ではできない活動でも，みんなで協力して取り組めば，よりよい活動となり，お互いの有用感も増すでしょう。

子どもたちの成果（アンケートより）

先生になった子どもたちに，アンケートをしました。

(1) どうして先生になろうと思ったのですか。

○みんなの前に出て，教えられるかなと思ってやってみました。
○5年生のときの算数でも先生をしてみて，そのときに進める側も勉強になったからです。

○将来，先生になりたいと思っているからです。

(2)　先生をしてよかったことは何ですか。

○自分はやる前まではみんなをまとめる力はあまりなかったけど，先生をしてみて，みんなをまとめる力がつきました。
○今回は友だちに誘われて先生をやってみました。最初はすごく悩みましたが，全体をまとめるという力がついたので，よかったです。友だちが誘ってくれなかったら，やってなかったと思います。

(3)　先生をしていて，苦労したことは何ですか。

○班で話し合いをするときに，時間を制限してもなかなかその時間内に終わらなかったことです。
○時間を気にしながら進めることです。
○最後にまとめることに苦労しました。

(4)　先生をしてみて，自分自身で変わったと思うことがありますか。

○みんなに教えられる力が少しつきました。
○前に出て勉強を進める自信がつきました。
○みんなをまとめるリーダーシップを発揮することができるようになりました。

 授業をふりかえって

　授業者が発問する度に，子どもたちは互いに意見を出し合っていました。意見のなかなか言えない子に対してもなんとか意見を引き出そうと周りの子たちがかかわり，意見を引き出していました。子どもたちが真剣に話し合い活動に取り組み，自分の本音を出し合うことができました。そして，学級の課題を自分たちのことと受け止め，学級をよりよくしようとする意識が高ま

りました。その結果,「一人一仕事」(学級で取り組んでいる係活動)を以前にも増して,責任をもって取り組むようになりました。

　また,みんなで一つのもの(授業)を創り上げる活動に取り組むことにより,互いにかかわり合い,認め合える雰囲気ができてきました。そして,みんなで取り組むことのよさを実感することができました。

【参考文献】
文部科学省『小学校学習指導要領解説　道徳編』東洋館出版社
『小学校道徳6　明日をめざして　教師用指導書』東京書籍

（坂野　智之）

第3章
アクティブ・ラーニングを実現する！
『学び合い』道徳授業プラン【中学校編】

中学校

1 猟師になりました。
あと，炎上のこともちょこっと（2年）
～生命について考え，他の人の考えに触れて自らの考えを深める～

関連項目：B「人との関わり」―9　相互理解，寛容
　　　　　D「生命や自然，崇高なものとの関わり」―19　生命の尊さ

　3.11をきっかけに，大量生産大量消費の暮らしに危機感を感じ，自分の暮らしを自分で作る活動を開始，2013年に猟師となった畠山千春さんのブログ「ちはるの森」の1記事（http://chiharuh.jp/?p=3154）を題材にしました。20代という若さ，ネットでの情報発信など，生徒と近い感性をもつ存在でありながら，猟師への転身や狩り，解体について語る彼女の文章は，私たち大人にも「生きるとはどういうことか」を問いかけてきます。

 授業実践への道しるべ

　動物を殺すことは悲しく残酷ですが，私たちは喜んで動物を食べているという矛盾した事実があります。千春さんの文章に導かれ，私たちの生命が他の生命に支えられている事実を知ります。そして，それに対する思いを聴き合うことで，生命について考えます。
　本授業の深まりは，人との感覚の違いをそのまま受けとめて聴くことができるか，まとまりきらない自分の気持ちを安心して開示できるかというような，共感能力や場への信頼にかかっています。そこで，意見交換の過程に，

相手の意見を受けとめる共感の練習と信頼の場づくりの仕組みを組み込みました。

 指導目標

題材をもとに思いを語り合うことでD―19「生命の尊さ」について学びます。またB―9「相互理解，寛容」をベースに意見交換する進め方をとり，2つの道徳性を養うことを目標としています。

 準備するもの

○ブログ「ちはるの森」の記事（写真入り）を印刷した資料
　『猟師になりました。あと，炎上のこともちょこっと。』
　（http://chiharuh.jp/?p=3154）コメントを除く全文
○ワークシート（WS）

 授業展開モデル

(1) 授業開始前にネームプレートを黒板に貼っておく。
　　後に出す課題（意見交換）ができた生徒が，自分のネームプレートを移動させます。
(2) 主題について簡単に説明し，資料とワークシート（WS）を配る。（3分）例：「今日は命について考えます。」
(3) 写真を示し，感想を書く。（WS1，2）（5分）
　　「資料2ページ右上の写真を見て，どのように感じますか。それはなぜですか。また，この写真を載せた記事が炎上しました。なぜだと思いますか。」
　　・ウサギ狩りツアーに参加したときの写真で，プロの猟師が仕留めたウサギであること，千春さんも，この写真を撮る3カ月前に猟師になったことを伝えます。
　　・このウサギの解体を追った写真と記事をアップしたブログが炎上した

ことを伝え，炎上についての説明を読みます。
(4) 資料の範読を聞く。（10分）
(5) 千春さんの「命に対する誠実な生き方」について，感じたことを書く。（WS3）（4分）
(6) 2人組で意見を交換する。（5分）
  ・1分間，1人が自由に話してよく，聴く人は沈黙も含めて黙って聴くこと，その後，聴いた人が内容を繰り返して確認するフィードバックを1分間行うことを事前に伝えます。
  ・1分話し，1分のフィードバックが終わったら交代します。
(7) 他の級友と丁寧に意見を交換する。（WS4）（18分）
  ・立ち歩いて，自由に相手を決めます。
  ・話すときは原則として1対1で。自己理解と他者理解を意識し，共感を大切にします。
  ・男女1人ずつを含む3人と話したらネームプレートを移動します。
  ・<u>全員が</u>3人以上と話せるように（<u>生徒自身が</u>）工夫します。
(8) 自席に戻り自分の生活を振り返る。（WS5）（5分）

子どもたちの成果（WSより）

【WS3】千春さんの「命に対する誠実な生き方」について
・最初はひどいとしか思いませんでした。でも私が今こうして生きていられるのもたくさんの動物の犠牲があってなんだと思って改めて考えてみると，よくわからなくなりました。形は違っても私もこんなことをしているんだと心が痛くなりました。
・魚を釣ったときの嬉しさと同じだと思います。自分で獲って自分で料理するといっそうおいしく感じます。たぶんそういう気持ちだと自分は思います。だから，スーパーなどで買って，それが余ってしまって捨てるよりは，自分で獲ったやつをしっかり食べればいいと思います。
・何かの命なしには生きられない，ということには同感した。自然界では

このような出来事が普通に起きていて，肉食動物に肉を食べるなとは言えるはずがない。だから，命を奪うことに罪があると感じるなら，自分が生きるために死んでしまった生き物たちに感謝しなくてはいけないと改めて感じた。
- 自分は自分が食べるものを食卓で食べるだけで，その食べ物がどれだけの命を奪っているかも考えずに毎日を過ごしていたのを恥ずかしいと思いました。こう思うと，毎日の「いただきます」や「ごちそうさま」はしっかり言い，思いも込めて食べたい。感謝したい。また，自分が食べられない以上のものを食べず，残さないようにしたい。そうしなければ，命を奪っている大切さが身にしみないと思いました。
- 確かに，罪として生きていくよりかは，そのことを認め，感謝するということが大切だと思った。でも，自分の手で絞めたものを食べるっていうのは，一般の私たちには難しいことだと思った。そのことも踏まえて，自分たちがこうして動物を食べていることに感謝することで，喜びを深く実感できると思う。私たちも，動物たちも，狩りをしている人も皆そういう気持ちなら，みんながいいと思った。

【WS5】毎日の暮らしを振り返って
- 私の今の暮らしがあるのは，動物たちが命を失ってくれているおかげだと授業が終わって感じることができた。授業を受ける前はなんでそんなひどいことをするんだろう…しか思わなかったので，命に対する考え方が変わったなぁと思った。毎日の食事の中で感謝を忘れず生活していこうと思いました。
- 授業前は，命を奪うことに対して怒りを感じていたが，みんなの意見を聞いて，動物の命を奪ってしまうのは生きていくことに対して，必ず，つきものなので，怒りを感謝に変えてこれからを生きていこうと感じた。
- 私は好き嫌いが多いので，たとえ嫌いでも食べたいです。
　（前）食べる，着ることが普通で，嫌だったら捨ててました。
　（後）残さずリサイクルとかしたいです。命は大切にしないといけない

んだなと思いました。みんな同じような考えでびっくりしました。
・毎日歩いているときに，もしかしたら蟻を殺しているかと思うと，少し悲しいような気持ちになりました。

◀ワークシート（WS）（表）

ワークシート（WS）（裏）▶

3-(1) 生命の尊重

ちはるの森

猟師になりました。あと、炎上のこともちょこっと。

By chiharuh : 2013年11月15日 : 動物の解体 : 204 Comments

◀資料の１枚目
　　（全４枚中）
印刷用にレイアウトを変更しています

原文は
http://chiharuh.jp/?p=3154

みなさんお久しぶりです！
ちはるです。

前回の投稿からかなーり時間がたってしまいました。解体したり皮なめしたりと忙しくしているうちに、いつの間にかこのブログがものっすごい炎上しました。

特にうさぎの記事（http://chiharuh.jp/?p=2940）、コメント欄がとんでもないことになっています。

テーマがテーマだけにしょうがないかなと思いつつ、この炎上を通して１点だけ、主張したいことがあります。

それは「命のことは答えがあるものじゃないので、いろんな考え方があって当然」ということです。何が正しいとか悪いとかは、ないと思っています。

たとえば、人が生きる上で、１つの命も奪わずに生きるのは不可能です。野菜だけを食べていたとしても、その農作物を守るためにたくさんの動物たちが駆除されています。私たちが住んでいる場所だって、何かしらの動物の住処を奪って作ったことになります。

大げさに言えば、今こうして呼吸することだって何か微生物を体の中に取り込んでいることになります。そしたら、息をすることだって出来なくなっちゃいます。それは困る。
だからみんな、「ここまでならいいかな」という命の線引きをどこかで引いてるんだと思うんですよね。

でも、命をどう区切るか。うさぎを食べものと思えるか、野菜を人間と同じように命と思えるかは、その人の育ってきた環境や考え方によるものなので、人それぞれだと思います。だから、命の線引きも人それぞれ。

その線引きが人と違うからといって、対立したり責めたりしても何も生まれないんじゃないかなと思います。

今回のことでも、賛同、批判、色んな意見がありましたが、炎上というよりは色んな立場の人の色んな意見があるよねって分かったことが一番でした。

命の捉え方はひとつじゃない。自分と違う考えの人がいたら、じゃあ自分はどう思うかなって考えるきっかけになったらいいなと思います。

//////////////

資料の２枚目▶

授業の最初に参照する写真 ▼

あと、私が笑顔でうさぎを持っているということで「この子は狂ってる」「命を軽んじてる」と言われることがあります。

でも。魚を釣って笑顔で写真を撮る人がこんなに批判されることってあまり聞いたことがないです。本質的には同じなのに。

それもやっぱり、みんなが持っている「命の区切り」が違うからじゃないかなと思っています。

でも、自然と繋がる機会もなく、うさぎが「ペット」として認識されている今の時代、私が笑顔でうさぎを狩っている姿に狂気を感じるのは無理もないと思います。
なのでここで、改めてみなさんにお伝えしたいと思います。

私が狩りや解体などのいろんな場所で笑顔なのは、山菜を採る、魚を釣るのと同じように「自分で獲った美味しいものが食べられるという喜び」であり、「動物を殺すことそのものや、動物を苦しめること」に快楽を感じているわけではありません。

まだ経験が浅いので、自分の力で動物をしとめた達成感よりは、怖さの方が大きいですが……。
それでも、この笑顔を「殺すこと自体に快楽を感じる異常者」と誤解されることは悲しいことです。私が笑顔でいることに対して、こう感じている人が多かったのには驚きました。

ブログや写真では伝わりづらいかもしれませんが、現場の私は意外といっぱいいっぱいですよー。楽しむというよりは、まだまだ目の前のことをこなして吸収していくことで精一杯です。笑そもそも、動物を殺す事とご飯を食べる事は繋がっています。殺して、さばいて、料理して食卓に出てくる。どこかで区切られるものではありません。

笑うことが命軽んじている事になるのであれば、その繋がりのどの場面でも神妙に、悲しい顔をしなくてはいけません。毎日懺悔しながらご飯を食べるなんて、食べることが大好きな私にしてみたら辛く悲しいことです。（でも、猟をしていると懺悔したくなるときもあります。）

だから、何かの命を奪うことを罪として生きていくよりは、自分が何かの命なしには生きていけないことと認めて、感謝して、自分の手で絞めたものを食べる。そういう身の丈にあった暮らしをする事が、命に対して誠実な生き方なんじゃないかと思っています。
少なくとも、私はそう思っていて、そういう暮らしを実践しています。（私は普段自分が絞めた以外のお肉は食べません）

//////////////

こうして動物を殺すことを、表に出すべきことじゃないという人もいます。そういう考えもあると思います。わざわざ動物を殺すところを見たいなんて、そんなにいないと思いますし。
それでも。それにしても、隠されすぎてると思うんです。あんまりに。
食べものが食卓にやってくる過程が見えなさすぎるから、その先が想像できなくて、食事に感謝できなかったり、食糧を無駄にしたりすることが普通になっています。
だからこそ、包み隠さず伝えたいという気持ちが強いのかもしれません。オブラートに包むような表現をするのも、あんまりしたくありません。だってこれが事実だから。

生きることは、もっと生々しいことだと思っています。

（井上　創）

中学校

2 ピカソとモンドリアンは何を描きたかったか
～理想の自己表現を探究し新しいものを生み出そうとした先人から探究心について学ぶ～

関連項目：A「自分自身」－5　真理の探究，創造

　　抽象絵画の巨匠，ピカソとモンドリアン。彼らの初期の作品は写実的なものでした。なぜ彼らは独自の表現を追究する道を選んだのか，納得する説明を求め合う中で，理想の自己表現を求める生き方について考える授業です。図録や伝記などの資料を教室内に「置いておく」だけで，大いに『学び合い』が広がります。

授業実践への道しるべ

　中学生は，自己理解が深まるにしたがい，自分らしさとは何か，自分らしく生きるとはどのように生きることなのかについて，関心が高まってくる時期です。個性を生かして豊かな成果を残した先人の生き方に触れることは，生徒にとってよい導きとなると考えます。ここでは，2人の画家の作品を取り上げ，彼らの求めたものについての『学び合い』を通して，理想の自己表現を求める生き方について考えます。

指導目標

〈A－5　真理の探究，創造〉

準備するもの

○ピカソの絵とモンドリアンの絵（初期作品と盛期作品）
　　画像データをPCに取り込み，大型モニターで提示しました。
○資料
　　座席の横に長机を2つ用意し，図録や伝記，美術史の本などを並べまし

た（インターネットに接続可能な環境ならば，タブレットPCなどを用意し，自由に検索できるようにしても可）。
○ミニボード，マーカー，磁石

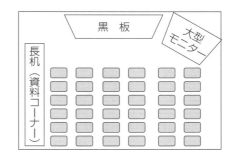

A5のクリアファイルに白い紙をはさんだものをホワイトボードとして使用し，併せてホワイトボード用マーカーと磁石を生徒数分用意しました。

 授業展開モデル（2年で実施）

(1) **ピカソとモンドリアンの初期の作品を提示**

2つの作品とも写実的な描写であることを確認。教師が「これはピカソがみなさんと同じ14歳のときに描いた絵です」と説明すると，生徒から「上手」「天才」など感心する声が上がりました。

(2) **「30年後，2人の画家はそれぞれどんな絵を描いていたでしょうか？」**

それぞれの画家の盛期の作品を並べて提示します。多くの生徒にとって予想を裏切る抽象的な作品に「変な絵」「わけがわからない」など声が上がりました。

【モンドリアンの作品例】

用水路と橋と山羊（1894）
22歳の作品

赤・青・黄のコンポジション（1930）
58歳の作品

(3) 課題を黒板に提示

> 2人の画家は若い頃にすでに十分「上手」な絵を描くことができたのに，なぜこのように「変」で「わけがわからない」ように見える作品を描こうと思ったのか，納得できるように説明する。

(4) 活動の方法と発表方法の確認
　①自由に立ち歩いたり，机を動かしたりしてよい。
　②納得できる説明の求め方は自由。誰と一緒に考えても，一人で考えてもよい。資料も自由に見てよい。
　③納得のいく説明ができた人は，ミニボードに書いて黒板に掲示する。
　④全員の考えをとらえやすくするためには，自分と似ている意見が書いてあるボードの近くに寄せて掲示するのがよい。共通したキーワードが見つけられたら，誰かが黒板に書く。
　⑤制限時間は活動開始から30分後。何度説明を書き直してもよい。
　⑥全員の説明が掲示されたのを確認したら，席に戻る。
　⑦授業の終わり方。（振返りの記述と発表）
　　継続して『学び合い』に取り組むことで，省略できる指示が増えていきます。ここまでで始業からだいたい5分以内です。

(5) 「はい。どうぞ。」
　生徒同士の活動スタートです。
　生徒はまず，思い思いに机を動かし自由グループを作り「何について考えるか」「どんな活動をいつまで行うか」について短くお互いに確認しました。その後，生徒は席を立ち，思い思いの方法で課題にアプローチし始めます。
　例えば，
　・モニターに示した作品をじっと見ながら気付いたことを話し合う。
　・資料コーナーの図録で，他の作品からヒントを得ようとする。
　・資料コーナーの伝記で，画家の生涯について調べる。
　いろいろな話し合いや情報収集が，教室のあちらこちらで，同時進行で起

こります。グループは固定されていません。いろいろな集団を渡り歩く生徒もいますし，話し合い中にグループを離れ一人で活動する生徒もいます。人とかかわるのが苦手だったり，課題に取り組もうとしなかったりする生徒もいますが，渡り歩く生徒が声をかけることで，話し合いに加わったり一緒に立ち歩き始めたりします。

(6) 自分なりの説明を掲示

> ・本当に泣いている気持ちを表現する描き方を求めた結果。
> ・他の人でも描けるような絵はいやだったから自分だけの表現を探した。
> ・周りからばかにされても，自分のだけの絵を求め続けた結果
> ・「○○を描いた」と押し付けず，見る人が自由に考える絵にしたかった。

　生徒は掲示しながら，KJ法的に同じ方向性の意見をまとめていきます。まだ掲示していない生徒を探して声をかけ，「こんな意見が出ているけど，○○さんはどう思う？」と考えを聞きに行きます。
　全員の意見の共通点として，本時の求める価値である「自分らしさ・個性を追究した」というキーワードが生徒の中から出てきました。

(7) 自分の生き方につなげる

　振り返りシートには，以下のような問いについて記述させました。

> 　あなたが，あなたが活躍する役割や仕事の中で「自分らしさ・個性」を発揮することを求め，新しいものを生み出そうとするためには，どんなことが大事だと考えますか。この時間に考えたことをもとに書いてみましょう。

> ・個性を発揮するには，基礎が大切だと感じた。
> ・自分らしさを見つけるにはすごい努力が必要だ。（伝記から）
> ・個性を発揮するとは，余分なものをそぎ落としていくものだ。
> ・欲が大切。自分を表現したい，認められたい，といった強い欲が大切。
> ・個性を持とうと焦らない。「手から自然に生まれる」こともある。

・ライバルが必要。他の人と自分を比べるから自分が伸びることができる。
・自分を認めて応援してくれる人が自分の周りにいること。

(8) **活動の様子についてフィードバック**

教師から見た生徒の活動の様子についてコメント。集団として，よかった点・改善点を伝えて授業を終えました。

 子どもたちの成果

『学び合い』の道徳で生徒は，自分の考えを素直に出し合います。教師の指示や段階的な発問を無くした分，生徒同士で課題を確認し合ったり，じっくり考えたりする時間が確保できるようになりました。生徒全員が課題と向き合い，自分の生き方に結びつけて考えようとしていることが実感できます。人によって課題への切り口や情報が違った方が，後の話し合いが楽しくなることを生徒自身が感じていて，様々な情報源から情報を得ようとする姿勢も見られるようになりました。この実践では，普段ほとんど言葉を発しなかった生徒も，他の生徒たちからの「あなたの考えも聞きたい」という期待の声がけによって，自分の意見をゆっくり発表し，みんなで大喜びする場面が見られました。その後その生徒は，他の授業でも発言するようになりました。

生徒同士による主体的な活動によって，教師の意図した以上の考えや説明が，生徒の中から湧いて出てくる道徳の時間を，私自身がとても楽しみに待つことができるようになりました。

授業をふりかえって

　一般に道徳の時間に使われる資料では，多様な解釈が可能なものは敬遠されがちです。しかし，『学び合い』の道徳では，資料から見出されるものが多様であることに非常に価値があると思います。今回取り上げた絵画作品も人によって様々な解釈が可能であり，その分，『学び合い』が活発なものになったと感じています。今回は中学２年で「真理の探究，創造」を関連項目とした扱い方を掲載しましたが，その他にも課題設定によって多様な展開が可能だと考えます。

　例えば，ピカソやモンドリアンが自己の表現を求めることができたのは，絵画表現の基礎を学んだ土台が下支えしていたからであることに焦点を当て，設定する課題を「みなさんが中学校生活でよりよい自分を求めていく上で，それを支える『絵画表現の基礎』のようなものは何だと考えますか？」とすれば，関連項目Ｃ－（15）「よりよい学校生活，集団生活の充実」について考え合うことができます。私は中学１年の入学直後の道徳の時間で実施していました。

　美術科の授業と違い，道徳科の授業として，子どもたちの生き方にしっかりとアプローチするためのポイントは，課題設定と環境づくりにあると考えます。図録や美術ガイド，伝記など，多様な情報源への出会いを可能にする「置いておくだけ」資料という，さりげなく生徒が情報を得ることができるしかけによって『学び合い』が大きく広がると考えます。

　　　　　　　　　　　　　　　　　　　　　　　　　　（五嶋　　理）

中学校

3 「ひとごと」から「わがこと」へ
～差別を見抜き，許さず，なくしていこうとする行動力を培おう～

関連項目：C「集団や社会との関わり」―11　公正，公平，社会正義

　様々な差別がこの世界には充ち満ちています。ヘイトスピーチ，しょうがい者差別，部落差別，女性差別…。だからこそ我々は，自分の大切さとともに他の人の大切さを認める人権感覚と，真に差別をなくしていく意志と実践力を，次世代の日本を背負う子どもたちに培わねばなりません。
　しかし真剣に取り組むあまり「かきくけこの人権教育：硬い雰囲気で，厳しく，苦しく，権威的で，怖いもの」におちいることもしばしば。そこで実際に起こった差別事件を取り上げつつも「あいうえおの人権教育：明るい，いい加減（ちょうどよい），うれしい，笑顔，おもしろい」に挑戦しました。

指導目標

〈C―11　公正，公平，社会正義〉
　生まれたところや住んでいるところによって差別することのおかしさに気づかせ，今後の人権学習につなげる。

準備するもの

　資料プリント「どうしてよんでくれんかったと？」（福岡市人権読本編集委員会編『ぬくもり』）

授業実践への道しるべ

(1) **あらすじ**
　ちえ子ばあちゃんの子どもの頃の話。友達の和子ちゃんとあい子ちゃんを

泊める約束をしたのに，ちえ子の母から「となり町に住んでる和子ちゃんは呼んだらダメ」と言われ，結局あい子ちゃんだけを泊めた。後日，くやし涙をいっぱいためて「どうして呼んでくれんかったと？」と聞きにきた和子ちゃんに，「わたしは誰よりも和子ちゃんに泊まりに来てほしかったとよ。だけど…」としか答えられなかったちえ子。もう何十年も前のことなのに，その話をするちえ子ばあちゃんの目には涙が浮かんでいました。孫のみさきと泊まりに来ていた友達のりさは「それって生まれたところで差別することでしょ」と見抜きます。ちえ子ばあちゃんは「今の子どもたちは学校で習うんやね。私やひいばあちゃんと同じまちがいをせんごとせなね」と晴れ晴れとした表情で返事したのでした。

(2) **用意していた発問**

発問1：泊まる約束をしたときの，ちえ子の気持ちを考えよう。
発問2：ちえ子と母の会話をもとに，呼ばなかったわけをとらえ，思ったことを出し合おう。
発問3：ちえ子の気持ち，和子の気持ちを考えよう。
発問4：孫たちとちえ子ばあちゃんの会話から，差別をなくすために必要なことを考えよう。

(3) **この授業で目指したもの**

よくある授業の展開は，「資料の前半を読んで，発問1～2を考えさせ，挙手による発表。その後，資料の後半を読み，発問3を考えさせ，発表。最後に発問4を考えさせる」というものではないでしょうか。

しかし挙手する子どもがいわゆる学力の高い子ども数人だけで，「いい子」の意見のみで授業が進んだり，読み取りの浅い意見を発表して周りの子どもが無反応だったり…。道徳という「心」を扱う教科なのに，こんなに心が揺れなくていいのだろうか。そんな不満をふきとばす「血湧き肉躍る」人権学習を目指しました。

 **授業展開モデル**

(1) **授業最初の語りの言葉**

「今日の話は，大人が残したままにしている問題をとりあげます。君たちの澄んだ感性でしっかり考えてほしいと思っています。大人の真似をした浅い意見は欲しくありません。問題を解決できないからね。本気で解決するための「深いい」意見が欲しいから，いろんな仲間と協力して話し合ってください。どんどん席を立って，たくさんの人と話し合いながら自分の意見をどんどん「深いい」ものにしてくださいね。」

資料プリントを配付し，全員で丸読み（一文ごとに「。」から「。」まで一人が音読し，次の一文を別の一人が音読）。その間に問1から問3までを板書しました。

(2) **アクティブ・ラーニング『学び合い』**

「問1，問2，問3のどれでもいいので，どれか1つを深〜く考えて，黒板に意見を書いてネームプレートを貼ってください。先ほども言いましたが，仲間と話し合って意見を深めてくださいね。深める過程で同じ意見になったのならそれでもかまいません。なお問1より問2の方が難しく，問2より問3の方が難しいです。簡単な問題に挑戦するか，あえて難しい問題に挑戦するかはあなた次第。時間は今から15分間。では勉強スタート。」

まずは一人で黙々考える子，最初から仲良しの子と「どれにする」と相談している子，いろんな子がいます。けれどガヤガヤしながらも昨日のテレビ番組のことやアニメのことを話している子どもは1人もいません。

「先生，本当にどれでもいいの」と聞いてくる子もいます。その横には一緒に話していた友達もいます。

「いいよ，問1が簡単よ。でも2人の知恵をあわせて簡単な問いに答えたとして，君たちはそれで満足できるかな。もったいない」といいながらニヤリと笑って見せます。すると「やっぱ問3，考えようよ」と言いながら仲間たちの中へ戻っていきました。

ひとりぼっちの子どもを見つけたので「お〜い，Aさんの意見は深め合ったのか。仲間を誰一人見捨てるなよ」と周りの子どもたちに交流を促します。Aさんの周りに数人が集まり，話し始めました。
　15分を少々オーバーしつつも全員がどこかしらに意見を書き込みました。

(3) 評価・深化

　黒板にずらっと書かれた子どもたちの「深いい」意見。これを一つ一つ評価しつつ，より深化させていきます。
　（2）の『学び合い』が子どもたちのがんばりどころであると同様に，（3）は教師のがんばりどころです。
　といっても難しい言葉で解説するつもりはさらさらありません。イメージは明石家さんまさんのバラエティ番組です。子どもたちの意見を一つ一つ読み上げながら，明るく，いい加減（ちょうどよい加減）で，うれしくなるような，笑顔いっぱいの，おもしろい解説をしていくわけです。
　当然，人数分の解説があるのですが，紙面の関係でいくつかだけ紹介します。
　問1について「友だちとお泊まりできるのは楽しみです。だって私も小学生のときに友達の家に行って，すっごく楽しかったから（笑）」という意見がありました。
　「そうだよなぁ。友達の家に行くのはワクワクするもんなぁ。じゃあ小学生時代，友達の家にお泊まりしたことある人，手を挙げて〜」
　「はーい」
　「おおっ，けっこうおるなぁ。でも残念なことに中学校ではお友達とのお泊まりは禁止で〜す」
　「ええっ」
　問2について「これはお母さんの心の中に部落差別があったからだと思う，そんなこと関係ないのに」という意見がありました。
　「そうだ。この人はよく勉強してる。このように，住んでいるところや生まれで差別することを『部落差別』と言う。400年も500年も，いやもっと前の祖先の仕事だとか身分だとかが理由だと言う人たちもいるけれど，こ

の差別のはっきりした理由はまだわかっていない。そもそも、僕はそんな昔のご先祖様が何をしていたかなんて知らない。そんなことが理由だと言う人がいるなんて、あまりにもくだらなすぎる」と怒りを込めて熱く語ります。

そして「こんな差別があると知ったのは僕が中学の頃だった。それから30年以上経って、僕も大人の仲間になってるのに、まだ無くしきれていない。くだらない差別を残したままの大人の代表として謝ります。『ごめんなさい』。そして君たちの代でこそ無くしてください。共に闘おう」と謝罪とお願いをします。

問3については「ちえ子と和子が今でも友達であったらいいなぁ」という意見がありました。

「深いなぁ。みんなわかるか、この人の『願い』が。差別された側の和子はすごくつらい。そして差別した側のちえ子も何十年も経った今でも涙ぐむほど苦しんでいる。だからこそ、差別を乗りこえていてほしいという願い。深いなぁ」。明石家さんまさんばりに、大きな声で、オーバーアクションで「深さ」を強調しつつ、さらに深い思いを子どもたちに考えさせるのです。

ここまでで45分（授業時間は残り5分）。慌てて、ちえ子ばあちゃんと孫たちとの会話の資料プリントを配付し、丸読みします。そして発問4を考えさせましたが、「5分では足りない」という子どももいたので宿題としました。

後日、いろいろな子どもの発問4についての「深いい」意見満載の学級通信が配られ、それにも教師の思いを載せたのは言うまでもありません。

 子どもたちの成果

・やはり差別はこの世にたくさんあって、形は様々だけど、今回のような部落差別も、いくら遠回しにやっていたとしても、やはりそれは絶対に「差別」なので、やってはいけないと改めて確信しました。そして、それと同時にたくさんの人を傷つけ再起不能にまでする差別を無くしていきたいと思いました。

・どこに住んでいるか，どこの出身かで人のことを判断している人たちがいるということがわかりました。私は，絶対に部落差別をしないようにしたいです。もし，している人がいたら，自分がしていることは人として最低で恥ずかしいということを教えて，気づかせたいです。
・先生が自分たちに「部落差別を無くせてない」と謝ったことで，無くせてないことに怒りは覚えたけど，真剣に無くそうとしている人がいるんだなとわかって安心した。
・どれだけの人が差別に苦しんだのか。そしてそれは他人事ではなく，今も続いていることを知った。昔の大人が今に残した「つけ」を払わなければという使命感も感じている。

授業をふりかえって

　子どもたちは様々な生活をかかえています。なかには被差別の立場に立たされている子どももいます。そんな子どもには，この授業で「周りの仲間が，差別に対する怒りやおかしさを一生懸命考えている姿」を感じさせたかったのです。「血湧き肉躍る」人権学習により，先の感想にあるように「差別を無くしてほしい」ではなく「差別を無くしていきたい」と書く子どもたち。これも子どもたちの中にある力を信じて，『学び合い』を仕組んだからに違いありません。

（かわのとしお）

中学校

4 日常生活から始める道徳活動

関連項目：A「自分自身」―2　節度・節制

『学び合い』を3年間継続して行っている学年を対象に活動を展開しました。中学3年生になり，中学校生活も残すところ1年となりました。日常生活と道徳を関連付け，実践していく取り組みです。

 授業実践への道しるべ

今回対象とした子どもたちは，小学校から変わらない人間関係の中で生活しており，来年には高校生になるということで生活環境が変わる時期です。高校進学をする前に基本的な生活習慣や道徳的な行動をとれるようになることは新しい人間関係形成において重要であるため，中学生のうちに身に付けていってもらいたいと考えました。

また，日常生活と道徳を結びつけることによって，子どもの道徳に関する意識に変化が生じるのではないかと考えました。

授業（活動）は，次の流れで進めます。

＜授業（1回目）＞

① 課題提示

「この時間に行う活動」を子どもたちにわかるように伝えます。

② 自己評価シートの作成

課題の趣旨を伝え，子どもに活動を任せます。学びが進むように必要な資料は事前に用意しておき，使い方は子どもに任せました。もともとiPadを学内に設置している学校なので，使用してもいいようにしました。

③ 授業終わりの語り

これから1カ月間，自分で立てた行動目標を意識していくことの重要性や自分で立てた目標を達成していくことが大切であることを語りました。

<授業(2回目)>

① 自己評価
作成した自己評価シートを使って振り返りを行いました。振り返りを行う際にまず,自分で評価を行います。自己評価が終わったら友達にも評価をしてもらいます。

② 新しい自己評価シートの作成
評価がすべて終わった子から来月の自己評価シートを作成しました。新しい自己評価シートについては,前回の反省を生かし改善するように促しました。また,友達が評価しやすいように具体的な行動を書くように話しました。行動の記録の項目は前回のままでも構わないし,新しく設定してもいいようにしました。

③ 授業終わりの語り
前回の反省を生かして行動することを語りました。

※2回目以降の授業に関しては,2回目の授業のやり方を繰り返し行うようにしました。

指導目標

日常生活と道徳を関連付け,日常生活の行動をより良いものにしていくために自分が何をすればいいのか考え,行動目標を立て,それをもとに自分を見つめなおすことができる。

主に関連項目A「自分自身」—(2)節度・節制にあたります。ですが,行動の記録の項目が道徳の項目と一致しているので,ほとんどの項目と関連があると思います。

準備するもの

○資料:『中学校学習指導要領解説 道徳編』,『中学校学級担任必携生徒指導要録の手引き&総合所見の文例1080』(玉置崇編著)
提示した資料の例は次の通りです。

＜行動の記録＞

　　①基本的な生活　　　②健康・体力の向上
　　③自主・自律　　　　④責任感
　　⑤創意工夫　　　　　⑥思いやり・協力
　　⑦生命尊重・自然愛護　⑧勤労・奉仕
　　⑨公正・公平　　　　⑩公共心・公徳心

＜教師用の行動記録の観点例＞

3年 創意工夫 — 行動にかかわる文例

- 数学の家庭学習では、自分で考えてもわからない問題をノートにまとめて教科担当教師に質問するなど、学習の仕方を工夫していた。
- 保健係を担当する中で健康な状態で受験を迎えられるように働きかけ、マスクの常備や睡眠状況の調査などを自主的に行っていた。
- 水害被災地のボランティア活動に保護者を誘って進んで参加し、床上浸水の被害にあった地域の復興に取り組んだ。
- 科学部での活動をまとめ、体感温度に関する研究成果を全国コンクールに応募して奨励賞を受けた。
- エネルギー対策について総合的な学習の時間に追究し、電力会社、発電所、自動車工場へのインタビューを自主的に行うことができた。
- 修学旅行のそれぞれの見学地では、得意のスケッチをして個性的な修学旅行記の記事を書くことができた。
- 卒業に向けた3年生の取組として、普段十分にできない特別教室や倉庫の清掃と整頓を提案し、教師や後輩から大いに感謝された。
- 生徒会長として誇りをもって伝統を継承することの大切さを訴え、学校の歴史についての掲示物をつくって生徒会を活性化させた。
- 体育祭の白組リーダーとして、従来とは大きく異なる応援内容を企画して集団をまとめ、参観者の好評を得ることができた。
- 部活動の終了後は、学習に集中するために朝型の生活に切り替えるなど、自分の意志で時間の使い方を工夫することができた。

勤労・奉仕 — 行動にかかわる文例

- 係や当番の活動にいつも積極的に取り組み、その丁寧な仕事ぶりには目を見張るものがあった。
- 委員会活動では、最高学年として後輩の模範となるような仕事ぶりを見せ、常に活動をリードしていた。
- 1年間を通して清掃活動に一生懸命取り組み、共用して使う場所を清潔に保つことの大切さを理解することができた。
- 給食の配膳や係の活動、掃除など、みんなのためになる活動に進んで取り組む姿が1年間を通して多く見られた。
- 行事の裏方の仕事に進んで取り組み、その活動の様子からは、行事を成功させたいという強い思いが伝わってきた。
- 仲間のためにできることをよく考え、常にクラスの先頭に立って様々な活動に取り組んでいた。
- どんなに小さな仕事でも手を抜かず、学級のためになることに進んで取り組む姿に、仲間からの厚い信頼が寄せられた。
- 下校前に下駄箱のシューズを全員分そろえるなど、だれに言われなくてもみんなのために進んで仕事をすることができた。
- 地域のボランティア活動に自主的に参加するなど、学校だけでなく地域の一員としての役割もしっかりと果たすことができた。
- 委員会活動では、何事もやり始めたら最後まで粘り強く取り組むので、その真面目な態度が下級生の模範となった。

①～⑩の項目に対して、上記のような文例を用意しました。

○自己評価シート

～★道徳★～

年　番　名前　_____

_____月

《一カ月の行動を考えよう！！》

指導要素項目番号	私ができる活動	評価（ひょうか）(◎・○・△)	友達のコメント
			評価（　）
			評価（　）
			評価（　）
			評価（　）
			評価（　）
			評価（　）
			評価（　）
			評価（　）
			評価（　）
			評価（　）
			評価（　）

- 行動の記録の項目
- 評価は◎・○・△
- 評価は◎・○・△　友達からのコメントもらう

 **授業展開モデル**

(1) **課題の提示と授業概要**

> 課題：今月の行動目標を立てましょう。
>
> この時間は，今月，自分でできることを考える時間です。
>
> 先生は日常生活のあなたたちの姿を見て，通信簿にある行動の記録に○をつけています。
>
> しかし，日常生活の中で一人の先生が全員を見ることができるわけではありません。だから，先生が見えていないところでどれだけ素晴らしいことをやっていたとしても評価することができないのです。
>
> そこで，自己評価シートを作成してもらうことにしました。
>
> 行動の記録の10個のうち，自分ができると思うものをいくつでもいいので１カ月間継続して行っていきましょう。行動の記録について，先生がどのような視点で見ているのかをまとめたものを資料として置いておきます。
>
> 作成したシートは月末に自己評価してもらいます。しかし，自己評価は信頼性に欠けるものです。そのため，みんなが作った行動目標に対して友達からも評価してもらえるようにします。
>
> この時間内に全員が自己評価シートを完成できるようにしてください。

(2) **資料提示**

自己評価シート，『中学校学習指導要領解説　道徳編』，『中学校学級担任必携生徒指導要録の手引き＆総合所見の文例1080』を子どもたちに配布しました。

(3) **月末の自己評価と新しい自己評価シートの作成**

> これから，今月の自己評価を行います。
>
> まず，自分で自己評価を行ってから友達に評価とコメントをもらってく

ださい。
　自己評価と友達からの評価が終わった人は来月の自己評価シートを作りましょう。新しい自己評価シートを作成するときに，前回の反省を生かしながら作ってください。行動の記録の項目は先月と同じでもいいし，変えてもらっても構いません。

子どもたちの成果・感想

(1) 子どもにとったアンケートの結果

≪今までの道徳の授業に比べて，今回の道徳の授業はどんなことを感じましたか？（自由記述）≫

○今までよりも自分のことだからすごく考えるようになった。①道徳はあまり意味がないと思っていたけど，この授業はすごく大切だなと思った。
○行動評定を自分で活動できるものをたて，先生にチェックしてもらうのではなく，②友達に評価してもらうといろいろな意見をもらうことができたのでよかったです。
○③前より一層仲間を見るようになると思った。自分を理解することにもつながる。
○今までの授業も大切なことを学べたけれど，今回の授業では，④自分の生活を真剣に考えることができました。目標を立てると生活していく中での意識が変わっていくので，今回の授業はやってよかったと思います。
○⑤今までは国語みたいに考えて，紙に書くみたいな感じでいやだったけど，今回は行動評定について考えることができて，こっちの授業の方がよかった。
○自分ができる行動をしっかりと考えることができてよかったし，⑥日常生活の中で前より，行動を意識することができてよかった。また，自分のためになる授業でよかった。

○自分たちで行動評定をやることで、㋐毎日の生活の中で、周りの人、友達の行動でよいところを見つけていけたり、仲の良い人じゃない人やあまり話をしない人とも言葉を交わせたりできてよかった。
○自分では全然できていなかったことが、周りの人から見ていると自分はきちんとできているということを感じました。⑧周りの人が自分のことをそう見てくれていると思うと、もっともっと頑張ろうと思いました。
○⑨自分ではやっているつもりでも、周りから見たら、まだまだということがわかった。

【考察】
・下線部①・⑤より、今までの道徳と比べ、道徳に対して肯定的な考えをもつことや、日常生活において道徳を意識することがわかりました。
・下線部④・⑥より、今までの道徳と比べ、行動の記録を意識することによって、日常生活において自分の行動を意識することがわかりました。
・下線部②・③・⑦・⑧・⑨より、今までの道徳と比べ、日常生活において友達のことを評価しなければならないので、友達の姿を意識することが増えます。さらに、友達に評価されることにより、自分の行動を見直すことができていたことがわかりました。

(2) **生徒の変化**（D君と周りの発話）
＜6月の自己評価シート作成＞

A：基本的な生活習慣って全部できない気がする。
B：自分の所有物に名前を書く（笑）。
C：目を見張るものがあったって私たちじゃ評価できなくね？
B：先生の目線ね。
（評価観点を読んでいる。）
B：ものすごくこまかいよね。
D：健康体力の向上はできるわー。

A:公共心・公徳心の向上って,楽器を大切にするじゃダメなんかな?
B:私それ書いた。
B:(楽器は)学校の物だからいいかなって。
D:自然愛護って言っておいて森を焼き払おうとか言ってるやつはできんやろ。
E:確かに(笑)。
D:<u>もしかして昆虫守るってこと?</u>
D:俺ら去年毛虫の大虐殺したもんな,もうその時点でダメだな(笑)。
D:<u>自然愛護って戦争反対みたいなことやるんだろ</u>(笑)。
D:<u>ナパームつかうとか</u>(笑)。
(教師が評価の大変さを話す)
B:楽器を大切にするだけじゃダメってことだ。
B:○○さんの見てこよーっと。
(見に行った子が帰ってくる。)
B:7番ってポイ捨てしないとからしいよ。
A:でもそれだけでしょ。
A:なんか1個もできない気がする。
B:老人ホームでボランティアしよーかなー(笑)。
A:私3つしか書けない。

＜9月の自己評価シート作成＞

D：評価のこれとこれを合体させんの？
D：ひどいな（笑）。
I：これは毎日人間観察だな（笑）。
D：手洗い，うがいをするって歯を磨いてないみたいに聞こえるな。
B：衛生管理って書けばいいじゃん。
D：お，衛生管理！
B：（評価の観点例が書いてある紙）見る？
D：みない。

D：（この内容）証明のしようがないな，どうしよう？
（数分後）
D：もうこんなんでいいかな？
D：もう思いつかん。
I：さっきみたいに（評価が）わからなくなるやつは書いてない？
D：ああ，書いてない。
D：勤労奉仕ってなんだ？
I：紙あるだろ。
（Dが紙を見る。）
D：そうじとかね，なるほど。
D：そうじする！
I：はぁ，ええ！　よわ！
I：あ，そうじだけじゃないのね。（項目が具体的に書いてあったため）
D：そうじは○○といっしょだ。
D：○○君に聞くようにすればいいのね。

【考察】

　6月に初めて自己評価シートを作成したときの発話では，行動の記録のうち，基本的な生活習慣などに関する内容が理解できていないことがわかります。話の内容も先生が評価する観点とはかけ離れたことを話しています。この学年は『学び合い』を3年間行っているので，わからないことがあれば，わかる人に聞こうとする姿も見られます。

　9月では，より発話の内容が高度になっています。子ども自身が友達評価をしてもらうために，より具体的な行動目標を書こうとしている姿や，この子ならこの項目の評価をしてくれるという目星をつけていることがわかります。さらに，友達に「この程度の内容ではダメだ」とアドバイスをしたり，アドバイスをもらったりする姿が見て取れます。

(3) **授業の様子**

①自己評価シートを作成するときにiPadを使用

③友達に評価をもらいに行く

②自己評価シートを作成

④友達に評価をもらう

⑷　実際に行った際の自己評価シートの記入例

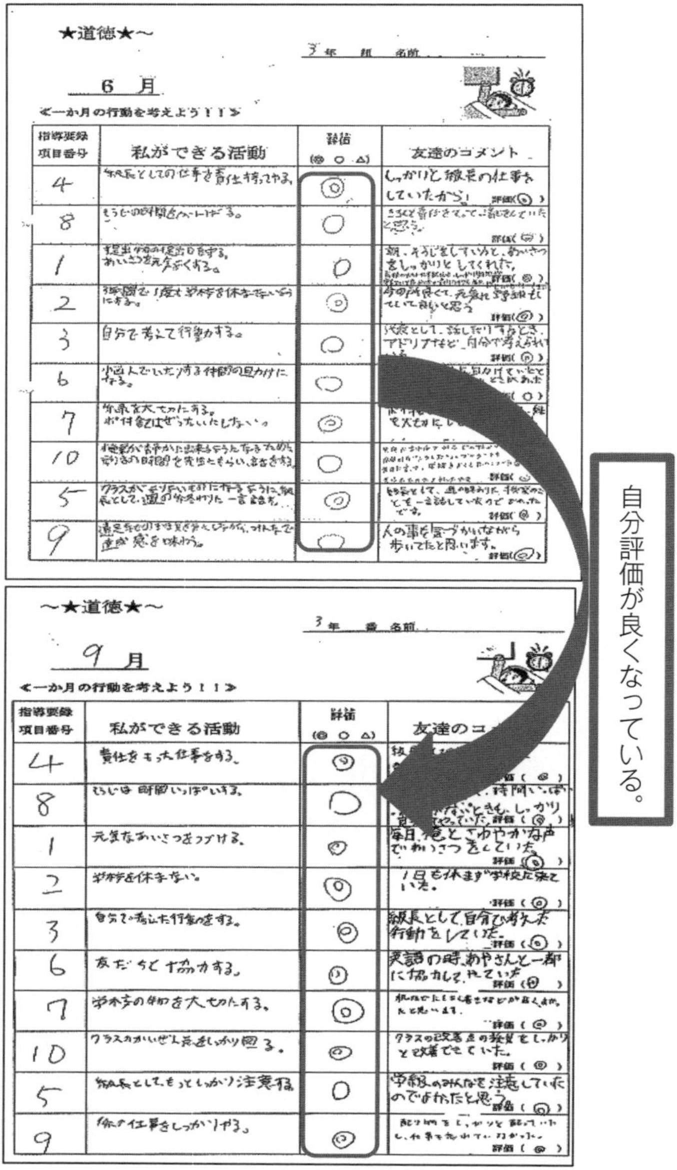

授業をふりかえって

　子どもたちが行った自己評価シートの内容が，より明確になったことや，アンケートの結果から従来の授業よりも子ども自身が自分のことを考える時間をもつことができたと思われます。また，友達から評価されることによって，自分自身のことだけでなく，友達の行動にも，さらに目を配ることができるようになったことがわかりました。普段から道徳の観点をもって行動することによって，今までは何となくいいことだろうとあいまいになっていた部分が，子どもたちの中でより明確になったと考えられます。

　自己評価の内容の中には，教師には見ることのできない時間のことも含まれているので，教師にとっても行動の記録に関する評価の資料として有効であると思われます。

　しかし，評価の際に，評価をつけた理由を書く欄を設けなかったことが反省点です。なぜなら，評価の理由を明確にしておくことで，来月の自己評価シートを作成する際の指標になるからです。もし，今後同じ実践を行う際には，より蓋然性を高めるためにも，評価に関する理由欄をつけていただけたらと思います。

（町田　栄一）

第4章
アクティブ・ラーニングにおける『学び合い』道徳授業とその可能性

　産業社会から知識基盤社会への転換，少子高齢化による人口減少・生産年齢人口の減少への対応，グローバル化，グローカル化。社会のあらゆる分野でイノベーションの必要が語られ，社会全体の活力の創出が求められる時代が到来しています。

　道徳教育・道徳授業のイノベーションには何が求められるでしょうか。

　平成27年3月に文科省から出された「道徳教育の抜本的改善・充実」資料には，「道徳の時間の課題例」として「読み物の登場人物の心情理解のみに偏った形式的な指導」，「発達の段階などを十分に踏まえず，児童生徒に望ましいと思われる分かりきったことを言わせたり書かせたりする授業」が挙げられています。これらの課題はこれまでも指摘されてきたことですが，これらを解決するために「考え，議論する」道徳科への転換を促したことは，まさに画期的なことでした。道徳教育史的に見れば，1958年に「道徳の時間」が学校現場に導入されてから半世紀が過ぎ，道徳授業の転換が求められていると言ってよいでしょう。

　21世紀を生き抜く子どもたちには，想定外の問題を様々な人々と協働しながら解決する力が求められます。これからの道徳科において，能動的に問題解決するアクティブ・ラーニングが求められていると言ってよいでしょう。

　本書には，これまでの道徳授業論とは質の異なる『学び合い』道徳授業の実践が紹介されています。それぞれの実践がどのような特質をもっているのかを私なりに整理して，これまでの道徳地図に書き込み，今後の新しい『学び合い』道徳授業をどうつくっていくかを問題提起したいと思います。

これまでの道徳地図を超えて21世紀の新しい枠組みをつくる

　1958年から実施された「道徳の時間」は，1980年代の中ごろから「道徳授業」として展開されてきました。文部科学省が学習指導要領解説等で「推奨」する「価値の内面化」の授業，つまり教師が「価値を教え諭す」授業，教師が「価値に気付かせる」授業が中心でした。

　「価値の内面化」とは，正しいとされる一つの道徳的な価値（資料に描かれた主人公が示す価値）を子どもたちの「心」に内面化（心情理解）させること，つまり資料の道徳場面で唯一正しいとされる価値を想定し，それを見つめさせ，気付かせることを主眼としてきました。初めから何が正しいかを想定しているのですから，それを疑わないでつくられる授業は，教師からの一方向な働きかけが中心になり，子どもが教師の意図を推し量る受動的な授業になるので，「価値の押しつけ」が誘発されます。道徳授業は子どもたちが自分の価値観との相互交渉によって探究しなくてすむ授業になりました。子どもの本音が出ない授業とよく言われてきました。

　これに対して，1980年代の終わりごろから，新たな考え方と教育方法が出てくるようになりました。子どもたち自身が，何が正しいかを「価値づける」ことを大切にするやり方であり，広い意味での「価値（づけ）の明確化」です。その代表格がモラルジレンマ授業です。「価値の内面化」が1つの価値に収斂されるのに対して，モラルジレンマ授業は，「2つの価値の間で揺れ動く心の葛藤」型として授業形式を確立し，道徳的な判断力を養成する授業でした。モラルジレンマ授業が20世紀の終わりごろから切り開いてきた新しい道徳授業づくりはいくら評価しても評価しきれないでしょう。なお，モラルジレンマ授業の課題についてはあとで書きます。

　日本の道徳授業は，実践としては「価値の内面化」が主流ですが，理論的に見ると，この2つの枠組みで推進されてきたと考えてよいと思います。もちろん2つの枠組みしかなかったのかというとそうではありません。新しい

道徳授業を求めて様々な研究者や実践家が新しい試みを提起してきました。それらについては省略します。

しかしこの2つの枠組みは，21世紀の道徳授業の新しい枠組みにふさわしいでしょうか。

残念ながらそうはなっていません。なぜなら，多くの考え方と実践が「価値の押しつけ」に近接しているからです。私見を言えば，最も大きな理由は，道徳を実現可能だと信じていることです。そしてそれに基づいて授業の展開過程を，常に教師のコントロールの下におき，子どもの自由な価値の探究を求めていないことです。つまり，道徳授業で最も大切にされなくてはならない子どもの協働的で自律的な探究がネグレクトされているのです。『学び合い』に引きつけて言えば，道徳授業において子どもの価値探究過程を軽視している，つまり「子どもの有能さ」を軽視しているのです。

私たちが21世紀の道徳授業を打ち立てようとするとき，教師のコントロール下を脱して，価値を探究する新たな道徳授業の枠組みをどう構築していくかが問われているのです。

また，授業の展開過程に即して言えば，導入―展開―終末のそれぞれの段階で子どもたちの能動性をどのように引き出していくのかということです。この点を明確に位置づけた一つの強固な教育論が，『学び合い』です。本書で紹介されている『学び合い』道徳授業の進め方は様々ですが，ほぼ共通しているのは，導入と終末以外の授業の要である「展開」過程で子どもたちの「学びの自由」を保障しようとしていることです。これまでの道徳授業論では想定されていなかった新たな枠組みがここにあります。道徳形成において大切なのは「子どもの有能さ」を信頼することなのです。

2 『学び合い』道徳授業のワンダーランド
～子どもたちの有能さを信頼して授業をつくる～

では本書にはどのような実践があるのかを整理してみましょう。それぞれの実践の特質に応じて，3つのオススメ度を設定してみました。

①オススメ度1　「価値の内面化」に近接した『学び合い』道徳授業

　「価値の内面化」に近接した『学び合い』道徳授業です。本書の大半はこの実践です。これから『学び合い』道徳授業を始めたい方にはうってつけの実践形式です。授業者の多くは，道徳授業において「副読本」（今後は教科書）を頼りに授業をすることが多いので，一資料で一価値（徳目）を扱います。主人公の心情や「生き方」を理想とし，読み物資料に沿って子どもたちの道徳性を伸ばそうと考えるからです。こうした授業者にはオススメです。

　本書で「価値の内面化」に最も近接した授業方法をとっているのが，**坂口肇実践**（小学校高学年）です。「…悪口を口にしないようにしたいという心情を高める」ことをねらいとして，以下のように展開しています。

　①『学び合い』についての語り　②課題提示　③発問１：「悪口を言っている女の子の気持ちがわかりますか？」　④『学び合い』（５分）　⑤発問２：「この人は誰だか知っていますか？　人前で悪口を言ったことがない。どうして，人前で悪口を言わずにいられたのだろう」　⑥資料の朗読　⑦『学び合い』（７分）　⑧発問３：「『人間は○○でできている』ってどういうことなのだろう。空欄に何が入るか」　⑨発問４：２人のエピソードや言葉の考えにある共通点を探してみよう　⑩『学び合い』（１０分）　⑪その女の子に伝える文章を書こう

　「価値の内面化」に近接した『学び合い』方法にも様々ありますが，各実践の授業のねらいに焦点を当ててみると，以下の授業は，坂口実践と共通しているのが分かります。

　武居良行実践（小学校２年）では「お話の中のとも子さんの心の動きを読みとって，自分にできることを考える」ことを促しています。**小島章子実践**（小学校低学年）では，資料中の「やぎじいさんはどんな気持ちだったでしょう」と心情理解を促しています。**高橋尚幸実践**（小学校３年）では，「野口英世のあきらめない心をもとに，君たち自身のあきらめない心について考えましょう」と促しています。**橋本和幸実践**（小学校中学年）では「『雨の

バスていりゅう所で』を読み，なぜ学校や社会ではルールやマナーを守ることが大切なのかを考え，そう考えた理由を友達が納得できるように説明することができる」とねらいを挙げています。人権教育を取り上げている**かわのとしお実践**（中学校）は，部落差別問題を取り上げ，「かきくけこ」から「あいうえおの人権教育」をめざしていますが，主人公「ちえ子の気持ち」「和子の気持ち」をとらえることを促しています。

また，これらの授業とは一味違った実践もあります。いじめや人権教育を意識した**深山智美実践**（小学校）です。この実践は，「上位も下位もなくみんなが仲間という気持ちこそが，いじめ予防の大きな力となる」として「いじめ」問題を取り上げています。「校内で最も差別されやすい特別支援学級の子どもの理解を広げる」ことを意図しています。

「支援学級の子どものつらさを伝える」アンケート結果と「絵本の読み聞かせ」（本当にあった「いじめ」。いじめのせいで死んでしまった人がいる）」から，「いじめのない学校にするためにどうするか，下級生に手紙を書く」授業を展開しています。道徳授業のリアリティを追求してきた授業です。

子どもたちは，「いじめは，いけないよ。ことばは，すごいちからをもっているからね（3年生から2年生へ）」などと素直に「悪」としての「いじめ」を理解し表現しており，深山は「昼休みに特別支援学級に遊びに来る子どもが増えた」「近所の支援学級の子どもと遊ぶようになった」「全校で理解してもらうことにより心ない言葉を投げかけられることはほとんどなくなった」と学習の成果を示しています。

中学校の授業でリアリティを追究したものに**井上創実践**（中学校2年）があります。命をめぐる葛藤を，猟師になった主人公の生き方を通して見つめさせようとしています。実話をもとにしているので，リアリティがあります。生徒たちは，「動物の犠牲の上に私が生きている。わからなくなった。心が痛くなった」「みんな同じように考えてびっくり」と表現しています。そして少し極端ですが，「蟻を殺しているのかと思うと，少し悲しい」との発言も紹介されています。

これらの授業群は，これまでの「価値の内面化」道徳授業が得意としてきた心情形成をねらいとして，それに『学び合い』を重ねた組み立てとなっています。『学び合い』が「価値の内面化」形式でも通用することを示したものとしてオススメ度1です。

②オススメ度2　ジレンマを生かした『学び合い』

　モラルジレンマを生かした『学び合い』があります。**青木幹昌実践**（小学校中学年）は，「友達を助けるべきですか。約束を守るべきですか。それはなぜですか」と中心発問をしています。青木はすでに編著作（『成功する！『学び合い』授業の作り方』明治図書，2015年）で『学び合い』道徳授業にモラルジレンマ資料を使っています。二項対立の思考を生かして子どもを主体とする道徳授業に踏み出しています。

　市川寛実践（小学校6年）は，モラルジレンマ授業とは異なりますが，「子どもたちの思考に揺さぶりをかけ」「自分と異なる文化をもつ他者の存在を知ると同時に，その存在を認める態度を育てる」ことをねらいとしています。教材の『地球家族』の中から「特に違いが際立つ写真を数枚」選んでいます。『地球家族』は1994年に出版されているので，すこし古い資料ですが，世界の家庭の家財道具に焦点をあて，世界の暮らしを対比する写真資料としてこれほど秀逸なものはないでしょう。これを受けて子どもたちも「どっちの国のくらしの方が『幸せなくらし』なのか」，つまり日常に起こる二項対立的な思考を「さかんに議論」して，この二項対立を超えて，多様な価値観へと目を開いています。「どっちが幸せかわからなくなってきた」「どっちでもいいんだ」「だって，先生，どちらかが幸せって決めるのは無理だよ」「どちらにも良いところと悪いところがあるから」「やっぱり，決められないよね」。素敵な子どもたちです。

②オススメ度3　新しい授業形式『学び合い』を駆使した新しい道徳授業

　オススメ度3の実践は、『学び合い』という新しい皮袋に新しいお酒をいれた実践です。「子どもの有能さ」を信じ、子ども同士が折り合いをつけながら学ぶ、『学び合い』道徳授業の本領を発揮していると言えるものです。

　私は、21世紀の『学び合い』道徳授業を作るには、「価値の内面化」や「モラルジレンマ授業」などの従来の枠組みを相対化することが必要ではないかと思っています。しかしこれらの実践に踏みだすには、教師自身が子どもの有能さへの信頼を高めていく必要があるでしょう。また、道徳授業の研究も必要でしょう。

　坂野智之実践（小学校6年）は、道徳授業に「小先生」方式を導入しています。小先生方式自体は新しいやり方ではありませんが、授業全体を子どもに預ける発想は、子どもの有能さへの大きな信頼がなければなかなか実施できません。授業のねらいは、「価値の内面化」に近接していますが、子ども同士のかかわりを大切にし、子どもたちが主体的に授業展開していく取り組みです。道徳授業は、従来、高い価値を身につけた教師が、未熟な子どもたちに資料を提示して、価値を内面化させようと躍起になってきました。しかし、本実践は違います。「本来学習者である子どもたちが指導者になる」「子どもたちが自ら授業の展開を考え、実践する」「教師はそれをサポートする」というように指導者と学習者との指導・被指導の関係を転換させようとしています。学級の2割のリーダーたちが「教師」として学級をリードしていく実践は、これからも参考になります。「先生になった子どもたち」の声には、子どもたちの成長を見ることができます。「先生をしてみて、みんなをまとめる力がつきました」「全体をまとめるという力がついたので、よかったです」「みんなに教えられる力が少しつきました」「みんなをまとめるリーダーシップを発揮することができるようになりました」。ここにも素敵な子どもたちがいます。

五嶋理実践（中学校）は，ピカソとモンドリアンという2つの人物像を用いて，「教師の意図した以上の考えや説明が生徒の中から湧いて出てくる道徳の時間を教師自身が楽しみに待っている」と語られているように，生徒に期待をかけています。道徳授業は，子どもたち自身が資料から問いを立て，そこから自らの生き方を見いだしていく営みであって，資料の主人公は「見本」ではありません。あくまで参考です。五嶋は「生徒が課題に向き合い，自分の生き方に結びつけている」と評価し，「『学び合い』道徳では，多様な解釈が可能なものが非常に価値がある」「生き方にアプローチするためのポイントは，多様な情報源への出会いを可能にする環境設定」であると，教師の役割をとらえています。

　次に『学び合い』道徳授業の未来を予感させる，まったく新しい論理と実践の取り組みがあります。**藤井麻里実践**（小学校）です。

　藤井は，「子どもたちによる，子どもたちのための道徳教材づくり」というまったく新しい道徳授業を創り出しました。藤井の問題意識は，「作り話としての読み物資料」への批判が根底にあります。同時に「自分たちで資料をつくってみたい」という子どもの声を真摯に受けとめて，それを授業化するという子どもたちへの信頼が息づいています。また，「一覧表から自己を振り返る」「一覧表から自分に足りない思いに気付く」実践はこれまでにもありましたが，「学校の年間指導計画」を子どもたちに提示するという画期的な方策をとりました。これまで教師が道徳を推進するために子どもに秘匿してきた資料群を公開しています。道徳形成の主体としての子どもたちへの大きな信頼がなければこうはなりません。班ごとに作りたい教材のテーマを設定することや学習の進め方をみんなで決めることなど，子どもたちを能動化する教育方法が豊富にあります。

　挑戦していただきたい実践です。

　最後に，子どもたちの道徳性の評価のあり方に一石を投じた**町田栄一実践**（中学校）があります。

　町田は，子どもたちの道徳性を評価する手立てとして，子どもたち自身が

「自己評価シート」を作成し、1カ月後に振り返ること、また自己評価を補うために子どもたち同士で相互評価することを挙げています。そして評価の観点として、「教師用の行動記録の観点例」を開示しています。子どもたち自身は、自分たちがどのような観点で教師から評価されているのかを理解できますし、その観点に基づいて自分の道徳性を評価できます。自己評価や相互評価は目新しい視点ではありませんが、道徳でそれを子どもたちが実践していることが実に素晴らしいことです。「子どもに開かれた評価」の可能性を示しています。道徳性の評価は難しいと言われますが、子どもたちの自己評価、相互評価を活用した評価方法が広がっていくことを期待しています。

3 子どもの道徳観を尊重する新しい『学び合い』道徳授業に向けて

　本書に収められた『学び合い』道徳授業を分析してみました。しかし優れている点だけではなく、課題と感じることもあります。今後の『学び合い』道徳授業の発展を願って、道徳観や授業に関わる問題を書きたいと思います。

　オススメ度1の「価値の内面化」に近接した『学び合い』は、「価値の内面化」批判をしてきた私の立場から言えば、資料の主人公が示している価値を正しい価値として前提にしていることが気になります。道徳教育とは、最もデリケートな教育の分野なのですから、資料に示された価値を疑わないというのはどうでしょうか。道徳を形成しようとする子どもの立場に立ってみれば、資料に「理想」が描かれていれば、そうなりたいと思う子どももいるでしょうが、そうは思わない子どももいます。その理想は、あくまで理想です。子ども自身の価値観の実態とはあまりにも違いすぎるのです。違いすぎる主人公の生き方は、学習者の立場に立てば、生き方の参考にはならないでしょう。副読本（教科書）、リアリティ資料、架空・現実の人物にかかわりなく、「読み物資料」である限り、それは書き下された文章であり、人間の生き方の一部を表現したものにほかなりません。それらは理想ではないのです。だから、資料は、子どもたちが「自分」（未熟であっても）と対比すべ

き一つの生き方を示しているのであって、人間や価値の見本ではありません。この点をとらえ直してほしいものです。そうでないと、『学び合い』が子どもたちの探究したい多様な価値観を切り捨て、「価値を押しつける」ための教育方法になってしまいかねません。私はそうなってほしくないと思っています。

　また、ジレンマを生かした『学び合い』についても同様のことが言えます。モラルジレンマ資料を使って、価値を二項対立的に設定したら、議論は活発にはなりますが、子どもたちの道徳的な思考は狭められてしまいます。道徳的な問題を解決する方法は、二項のうちのどちらかだとは決まっていないのです。道徳的な問題解決には、第三の選択があるのです。子どもの声に真摯に耳を傾けていけば、問題解決は二項には収束しないことが分かります。青木実践において二項対立を解消する「長い棒で枝を揺らして取る」という子どもの発言が出てきていました。本当に貴重な子どもの意見です。この発言は単なるその場しのぎの方法ではないのです。問題を解決しようとする子どもたちには道徳的な判断が働きます。子どもの発想と言葉に教師が丁寧に耳を傾けていれば、子どもの自由な価値観の中で、道徳の問題解決がなされていくのです。

　では、これからのアクティブ・ラーニングにおける『学び合い』道徳授業の可能性はどこにあるのでしょうか。端的に言うと、「よりよく生きたい」と考える子どもたちの有能さにもっと信頼をおいて新たな授業を展開することの中にあります。例えば藤井実践のようにです。

　そのために必要なことは第一に、道徳の本質をとらえ直すことです。道徳は、簡単に言うと「いつでも、どこでも、誰に対しても、○○すべき、あるいは○○してはならない」とされる人間の生き方（像）です。だから道徳は、理想です。しかし同時にそれは実現できません。それでも私たち人間は、常に道徳という理想を求め、よりよい生き方を探究します。それは、みんなが幸せになる道だと考えているからです。といっても、時に道徳の理想と現実との狭間で矛盾に苛まれます。子どもも教師も道徳の前では平等なのです。

第二に，道徳授業では道徳形成の主体である子どもをもっと信頼して，課題設定，授業展開など，子どもに預ける考え方と方法をシンプルにしたいものです。例えば課題設定では，次のような主発問一つだけで大丈夫です。

あなたならどうしますか

　子どもたちは問題解決に熱心ですから，そう問われれば自分の生活経験，学習経験を頼りにそれらをフル動員して真剣に考えます。その過程で子どもたちは，教師から見て反道徳的，非道徳的だとしても，問題解決の道徳を探究していくのです。

　そして子どもが自由に考えることのできる『学び合い』道徳授業の継続的な取り組みが，子どもたちを道徳的な人間にしていくのです。学級・学年・学校の級友たちと「ああでもない，こうでもない」と考え，時には学習過程で「どう考えていいかわからない」を連発しながら，問題解決のために「よりよい生き方」を模索し，今日の自分を創り変えていくのです。そうすることで現実の道徳問題の解決に立ち向かう力を培っていくのです。

　子どもたちにもっと，教育目標，資料，方法を預けましょう。もっと多様な意見を子どもたちから引き出しましょう。

※私の道徳授業論は，雑誌『道徳教育』2015年4月号から2016年3月号に連載しました。ご参照いただければ幸いです。

（松下　行則）

● ● ● あとがき ● ● ●

　『学び合い』のアクティブ・ラーニングでは教科学習を中心としています。理由は第一に，授業時間数が多いことです。第二は，「できた／できない」がハッキリするからです。そのため，「仲良くなったふり」，「わかったふり」が出来ません。逆に言えば，道徳のみでアクティブ・ラーニングを実践した場合はその点を注意すべきです。是非，教科学習との併用を勧めます。

　教科学習でのアクティブ・ラーニングには，教科内容を通して教え／学ばなければならないという限定がついています。ところが，道徳でアクティブ・ラーニングではその縛りが少ない。それ故に，アクティブ・ラーニングで道徳を展開することによって，アクティブ・ラーニングで育成すべき「認知的，倫理的，社会的能力，教養，知識，経験を含めた汎用的能力」(平成24年8月「新たな未来を築くための大学教育の質的転換に向けて～生涯学び続け，主体的に考える力を育成する大学へ～（答申）」)を直接的に，かつ，高度に育成することができます。道徳と教科学習は表裏一体であり，相乗効果の高い組み合わせです。

　本書では紙面の関係で割愛したアクティブ・ラーニングの詳細は，「アクティブ・ラーニング入門　会話形式でわかる『学び合い』活用術」（明治図書），「すぐわかる！　できる！　アクティブ・ラーニング」（学陽書房），「高校教師のためのアクティブ・ラーニング」（東洋館）を参照ください。

　本書は『学び合い』によるキャリア教育をご紹介しました。しかし，『学び合い』自体の説明は紙面の関係で省略しております。『学び合い』はシンプルな理論であり，実践です。日本中の小中高大の様々な人が実践しています。そして，シンプルな理論であり，実践ですので，学校段階に関係なく一

致した結果を出せます。

　シンプルな理論であり，実践ですので，起こるべき失敗は出尽くしており，それに対する対策も整理し尽くされています。それらは私だけではなく，日本中の何千人もの実践者の知の蓄積です。そしてそれらは書籍にまとめられています。

　まず，『学び合い』の素晴らしさを学びたいならば「クラスが元気になる！　『学び合い』スタートブック」（学陽書房）がお勧めです。

　『学び合い』のノウハウを全体的に理解したならば，「クラスがうまくいく！　『学び合い』ステップアップ」（学陽書房）と，「クラスと学校が幸せになる　『学び合い』入門」（明治図書）をご覧ください。さらに合同『学び合い』を知りたいならば「学校が元気になる！　『学び合い』ジャンプアップ」（学陽書房）をご覧ください。

　子どもにそんなに任せたら遊ぶ子が生まれるのではないかと心配される方もおられると思います。当然です。たしかに初期にそのような子も生まれます。しかし，どのような言葉がけをすれば真面目になるかのノウハウも整理されています。そのような方は「気になる子への言葉がけ入門」（明治図書），「『学び合い』を成功させる教師の言葉かけ」（東洋館）をお読みください。手品のタネを明かせば当たり前のことによって『学び合い』は構成されていることがわかっていただけたと思います。『学び合い』では数十人，数百人の子どもを見取ることができます。そのノウハウは「子どもたちのことが奥の奥までわかる見取り入門」（明治図書）をご覧ください。しかし，そのレベルに高めるには課題作りのテクニックが必要となります。それは「子どもが夢中になる課題づくり入門」，「簡単で確実に伸びる学力向上テクニック入門」（いずれも明治図書）に書きました。

『学び合い』のノウハウは様々な場面で有効です。
　特別支援で『学び合い』をするためには「気になる子の指導に悩むあなたへ　学び合う特別支援教育」（東洋館），「『学び合い』で「気になる子」のいるクラスがうまくいく！」（学陽書房），言語活動を活性化させるために「理科だからできる本当の「言語活動」」（東洋館）という本を用意しました。また，ICTの『学び合い』に関しては「子どもによる子どものためのICT活用入門」（明治図書）を用意しました。
　また，信州大学の三崎隆先生の「『学び合い』入門　これで，分からない子が誰もいなくなる！」（大学教育出版），「これだけは知っておきたい『学び合い』の基礎・基本」（学事出版）が出版されています。また，水落芳明先生，阿部隆幸先生の「成功する『学び合い』はここが違う！」，「だから，この『学び合い』は成功する！」（いずれも学事出版）があります。また，青木幹昌先生の「成功する！　『学び合い』授業の作り方」（明治図書）があります。

　今，日本中に『学び合い』が広がっています。是非，実際の『学び合い』の姿を見ていただきたい。日本中で『学び合い』を学ぶ人が集まる『学び合い』の会があります。また，『学び合い』の授業公開が頻繁に開かれています。是非，機会を設けて参加してください。
　子どもたちの未来は激変の世界を行きます。その子どもたちが幸せな生涯を送れるか否かは，我々教師の手に委ねられているのです。

西川　　純

●●● 執筆者紹介 ●●●

（＊掲載順　所属は原稿執筆時）

西川　　純	上越教育大学教職大学院教授
藤井　麻里	群馬県前橋市立石井小学校
深山　智美	長崎県佐世保市立大久保小学校
武居　良行	群馬県安中市立細野小学校
小島　章子	新潟県上越市立山部小学校
青木　幹昌	群馬県高崎市立塚沢小学校
高橋　尚幸	福島県公立小学校
橋本　和幸	和歌山県海南市立大野小学校
坂口　　肇	愛知県豊橋市立嵩山小学校
市川　　寛	長野日本大学学園　長野小学校
坂野　智之	島根県益田市立吉田小学校
井上　　創	千葉県千葉市立打瀬中学校
五嶋　　理	宮城県角田市立金津中学校
かわのとしお	福岡県公立中学校
町田　栄一	長野県長野市立朝陽小学校
松下　行則	福島大学人間発達文化学類教授

【編著者紹介】
西川　純（にしかわ　じゅん）
1959年東京都生まれ。筑波大学生物学類卒業，同大学院（理科教育学）修了。博士（学校教育学）。臨床教科教育学会会長。上越教育大学教職大学院教授。『学び合い』（二重括弧の学び合い）を提唱。
【著書】
『クラスと学校が幸せになる『学び合い』入門』（2014年），『気になる子への言葉がけ入門』（2014年），『子どもたちのことが奥の奥までわかる見取り入門』（2015年），『子どもが夢中になる課題づくり入門』（2015年），『簡単で確実に伸びる学力向上テクニック入門』（2015年），『子どもによる子どものためのICT活用入門』（2015年），『アクティブ・ラーニング入門』（2015年），『サバイバル・アクティブ・ラーニング入門』（2016年），『アクティブ・ラーニング時代の教室ルールづくり入門』（2016年，以上明治図書）他多数。

松下行則（まつした　ゆきのり）
1957年長崎県生まれ。広島大学教育学部小学校教員養成課程卒業，名古屋大学大学院教育学研究科博士課程修了。1990年から福島大学で教員養成に関わる。集団づくりの研究，「道徳の時間」の成立過程の研究を経て，1996年頃から現場の教師とともに一貫して道徳授業づくりに取り組む。
【主要論文】
「21世紀型道徳授業の構築に向けて―「統合的思考」と『学び合い』―」（福島大学人間発達文化学類論集　第18号）

アクティブ・ラーニングを実現する！
『学び合い』道徳授業プラン

2016年4月初版第1刷刊 2017年11月初版第6刷刊 ⓒ	編著者　西　川　　　純 　　　　松　下　行　則

発行者　藤　原　光　政
発行所　明治図書出版株式会社
　　　　http://www.meijitosho.co.jp
（企画）及川　誠（校正）西浦実夏
〒114-0023　東京都北区滝野川7-46-1
振替00160-5-151318　電話03(5907)6704
ご注文窓口　電話03(5907)6668

＊検印省略

組版所　共同印刷株式会社

本書の無断コピーは，著作権・出版権にふれます。ご注意ください。

Printed in Japan　　　ISBN978-4-18-234015-4
もれなくクーポンがもらえる！読者アンケートはこちらから →

THE教師力ハンドブック
アクティブ・ラーニング時代の教室ルールづくり入門

子どもが主体となる理想のクラスづくり

西川 純 著

アクティブ・ラーニング時代の教室ルールづくりはこれだ!

「アクティブ・ラーニング時代の規律づくりは子ども主体でアクティブに!」教師の表情と声による統率から、子ども主体のルールと規律づくりへ。あの気になる子には誰の言葉がけが有効なのか。新しい教室ルールづくりの基礎基本と理想のクラスづくりのヒントが満載です。

四六判　144頁
本体 1,600円+税
図書番号 1965

THE教師力ハンドブック
サバイバル
アクティブ・ラーニング入門

子どもたちが30年後に生き残れるための教育とは

西川 純 著

AL入門第2弾。求められる真の「ジョブ型教育」とは?

AL入門、待望の続編。子ども達に社会で生き抜く力をつける授業づくりとは?「答えを創造する力」「傾聴力」「発信力」等、教科学習だからこそ得られる社会的能力が未来を切り拓く!求められる真の「ジョブ型教育」とアクティブ・ラーニング時代の教育の極意を伝授。

四六判　144頁
本体 1,660円+税
図書番号 2220

学級を最高のチームにする極意
気になる子を伸ばす指導

小学校編
中学校編

成功する教師の考え方とワザ

赤坂 真二 編著

「気になる子」を輝かせる!関係づくりと指導の極意

「困ったこと」ではなく「伸ばすチャンス」。発達が遅れがちな子、不登校傾向の子、問題行動が多い子、自己中心的な子や友達づくりが苦手な子など、「気になる子」を伸ばす教師の考え方・指導法について、具体的なエピソードを豊富に紹介しながらポイントをまとめました。

小学校編
A5判　144頁　本体 1,660円+税
図書番号 1856

中学校編
A5判　144頁　本体 1,660円+税
図書番号 1857

THE教師力ハンドブック
ハッピー教育入門

主体性&協働力を伸ばす秘訣

金 大竜 著

子どもから全ては始まる!ハッピー先生の教育入門

子どもは皆、素晴らしい力を持っています。一人ひとりの力が発揮され個性を磨くには、教師が子どもと向き合い成長を手助けすることが大切です。困り感から自立に向けた「主体性」の養い方、競争のみで終わらない「協働力」のつけ方。答えは目の前の子ども達にあります。

四六判　128頁
本体 1,500円+税
図書番号 1689

明治図書　携帯・スマートフォンからは**明治図書ONLINE へ**　書籍の検索、注文ができます。
http://www.meijitosho.co.jp　※併記4桁の図書番号（英数字）でHP、携帯での検索・注文が簡単に行えます。
〒114-0023　東京都北区滝野川7-46-1　ご注文窓口　TEL 03-5907-6668　FAX 050-3156-2790

＊価格は全て本体価表示です。